रेख़्ता के मोमिन

मोमिन ख़ाँ 'मोमिन'

तुम मिरे पास होते हो गोया
जब कोई दूसरा नहीं होता

रेख़्ता के मोमिन

संकलन

फ़रहत एहसास

BOOKS
राजकमल प्रकाशन

BOOKS
राजकमल प्रकाशन

रेख़्ता बुक्स
बी-37, सेक्टर - 1, नोएडा
उत्तर प्रदेश - 201301

rekhtabooks@rekha.org
www.rekhtabooks.com
www.rajkamalprakashan.com

रेख़्ता के मोमिन

संकलन : फ़रहत एहसास

ISBN : 978-81-948769-9-1

प्रथम संस्करण : 2021
पुनर्मुद्रण : 2021

फ़ॉन्ट : योगेश यूनि
मुद्रक : यश प्रिन्टोग्राफ़िक्स, नोएडा

आवरण एवं पुस्तक सज्जा
नीलिमा प्र आर्यन, रेख़्ता

सहयोग राशि : ₹ 199

ग़ज़ल के चलते हुए चाक
की रचनात्मक रफ़्तार
के नाम

एक और नया क़दम

'रेख़्ता फ़ाउन्डेशन' का बुनियादी काम, उर्दू शाइ'री के शब्द और अर्थ की ख़ूबसूरती, रंग-रस, संगीत, स्पर्श और ज़ाइक़े को ज़ियादा से ज़ियादा लोगों तक पहुँचाना और उन्हें इसके सम्पर्क में लाना है। इसीलिए 'रेख़्ता' वेबसाइट पर, उर्दू शाइ'री को दुरुस्त पाठ और मे'यारी चयन के साथ देवनागरी और रोमन लिपियों में भी पेश किया गया, ताकि उर्दू लिपि न जानने वाले उर्दू दोस्त भी अपनी महबूब शाइ'री के रचना-संसार में दाख़िल हो सकें।

यही मक़्सद 'रेख़्ता बुक्स' की स्थापना का भी प्रेरणा-स्रोत रहा है, जो बुनियादी तौर पर उर्दू शाइ'री और उसके प्रेमियों के दर्मियान किताब का पुल बनाने का प्रकाशन-प्रॉजेक्ट है। आगे चलकर इसका दायरा बढ़ाते हुए, दीगर विधाओं, ख़ास तौर पर कथा साहित्य, आत्म-कथाओं, यात्रा-वृत्तांतों वग़ैरह को भी इस प्रॉजेक्ट का हिस्सा बनाया जाएगा।

'ग़ज़ल उसने छेड़ी' शीर्षक के तहत, अब तक की अहम उर्दू शाइ'री का एक विस्तृत संकलन देवनागरी लिपि में प्रस्तुत करने के बा'द, 'रेख़्ता हर्फ़-ए-ताज़ा सीरीज़' की सूरत में एक और पेशक़दमी की गई जो उर्दू शाइ'री की मौजूदा नई रचनात्मक संभावनाओं को रूनुमाई का मौक़ा' देने पर केंद्रित है। इसके बा'द कल और आज के स्थापित, महत्वपूर्ण और प्रतिनिधि शाइ'रों के कलाम का इन्तिख़ाब, 'रेख़्ता नुमाइन्दा कलाम सीरीज़' के नाम से, पेश करने का सिलसिला जारी किया गया। इसके तहत अब तक बहुत सी अच्छी और ज़रूरी शाइ'री पेश की जा चुकी है।

अब एक और नई पेशकश। क्लासिकी शाइ'री, जो उर्दू शाई'री का प्राण-स्रोत और रचनात्मक बुनयाद है, देवनागरी लिपि में बहुत कम उपलब्ध है। कुछ 'मीर' और 'ग़ालिब', कुछ 'ज़ौक़' और 'दाग़' और थोड़ा बहुत कुछ और। दूसरी तरफ़, पाठकों की ओर से क्लासिकी शाइ'री की तलब तेज़ी से बढ़ रही है। इस तलब को उसकी मन्ज़िल तक पहुँचाने के लिए, 'रेख़्ता क्लासिकी सीरीज़' के तहत किताबों का एक नया सिलसिला प्रस्तुत है, जिस में कोशिश होगी कि सारे महत्वपूर्ण क्लासिकी शाइ'रों का पूरा चेहरा और रंग सामने लाया जाए। उम्मीद है इस सीरीज़ को भी आपका प्रेम और क़ुबूलियत हासिल होगी।

संजीव सराफ़

संस्थापक, रेख़्ता फ़ाउन्डेशन

फ़ेहरिस्त

ग़ज़लें

असर उसको ज़रा नहीं होता
रन्ज[1] राहत-फ़िज़ा[2] नहीं होता

1 दुख 2 आराम देने वाला

तुम हमारे किसी तरह न हुए
वर्ना दुनिया में क्या नहीं होता

उसने क्या जाने क्या किया ले कर
दिल किसी काम का नहीं होता

ना-रसाई[1] से दम रुके तो रुके
मैं किसी से ख़फ़ा नहीं होता

1 न पहुँच पाना, न पा सकना

तुम मिरे पास होते हो गोया[1]
जब कोई दूसरा नहीं होता

1 जैसे

हाल-ए-दिल यार को लिखूँ क्यों-कर[1]
हाथ दिल से जुदा नहीं होता

1 किसलिए

चारः-ए-दिल[1] सिवा-ए-सब्र[2] नहीं
सो तुम्हारे सिवा[3] नहीं होता

1 दिल का इ'लाज 2 धैर्य के अतिरिक्त 3 बिना

क्यों सुने अ'र्ज़-ए-मुज़्तरिब[1] 'मोमिन'
सनम[2] आख़िर ख़ुदा नहीं होता

1 बेचैन आ'शिक़ की प्रार्थना 3 मूर्ति / मा'शूक़

आग अश्क[1]-ए-गर्म को लगे जी क्या ही जल गया
आँसू जो उसने पोंछे शब[2] और हाथ फल गया

1 आँसू 2 रात

की मुझको हाथ मलने की ता'लीम[1] वर्ना क्यों
ग़ैरों[2] को आ के बज़्म[3] में वो इ'त्र मल गया

1 शिक्षा 2 रक़ीबों, मा'शूक़ के अन्य आ'शिक़ 3 महफ़िल

उस कूचे[1] की हवा थी कि मेरी ही आह थी
कोई तो दिल की आग प पंखा सा झल गया

1 गली

जूँ ख़ुफ़्तगान-ए-ख़ाक[1] है अपनी फ़तादगी[2]
आया जो ज़लज़ला[3] कभी करवट बदल गया

1 मिट्टी में सोए हुए लोग 2 गिरा हुआ होना, दुर्दशा 3 भूकंप

उस नक़्श-ए-पा[1] के सज्दे ने क्या क्या-किया ज़लील[2]
मैं कूचः-ए-रक़ीब[3] में भी सर के बल गया

1 पद-चिन्ह 2 अपमानित 3 रक़ीब की गली

बुत-ख़ाने[1] से न का'बे[2] को तक्लीफ़[3] दे मुझे
'मोमिन' बस अब मुआ'फ़[4] कि याँ[5] जी बहल गया

1 मूर्ति-घर 2 जहाँ हज किया जाता है 3 कष्ट 4 क्षमा 5 यहाँ

❁

दीदः-ए-हैराँ[1] ने तमाशा किया
देर तलक वो मुझे देखा किया
1 हैरानी से भरी आँख

आँख न लगने से शब[1] अहबाब[2] ने
आँख के लग जाने का चर्चा किया
1 रात 2 दोस्तों

मर गए उसके लब-ए-जाँ-बख़्श[1] पर
हमने इ'लाज आप ही अपना किया
1 ज़िन्दगी देने वाले होंठ

ज़िन्दगी-ए-हिज्र[1] भी इक मौत थी
मर्ग[2] ने क्या कार-ए-मसीहा[3] किया
1 विरह की ज़िन्दगी 2 मौत 3 मुर्दों को ज़िन्दा करने का काम

कुछ भी बन आती नहीं क्या कीजिए
उसके बिगड़ने ने कुछ ऐसा किया

मर्ग ने हिज्राँ[1] में छुपाया है मुंह
लो मुंह उसी पर्दः-नशीं[2] का किया
1 विरह 2 जो पर्दे में रहे

दुश्मन-ए-'मोमिन' ही रहे बुत[1] सदा[2]
मुझसे मिरे नाम ने ये क्या किया
1 मूर्ति / मा'शूक़ 2 सदैव

❁

मह्व[1] मुझ सा दम-ए-नज़्ज़ार:-ए-जानाँ[2] होगा
आइना आइना देखेगा तो हैराँ होगा
1 लीन, गुम 2 मा'शूक़ को देखते वक़्त

बोस:-हा-ए-लब-ए-शीरीं[1] के मज़ामीं[2] में न क्यों
लफ़्ज़[3] से लफ़्ज़ मिरे शे'र का चस्पाँ[4] होगा
1 मीठे होंठ के चुंबन 2 विषय (बहुवचन) 3 शब्द 4 चिपका हुआ

क्या सुनाते हो कि है हिज्र[1] में जीना मुश्किल
तुमसे बे-रह्म प मरने से तो आसाँ[2] होगा
1 विरह 2 आसान

हैरत-ए-हुस्न ने दीवाना किया गर उसको
देखना ख़ान:-ए-आइना[1] भी वीराँ[2] होगा
1 आईने का घर 2 वीरान

गर यही गर्मि-ए-मज़्मून-ए-शरर-रेज़[1] रही
रिश्त:-ए-शम्अ'[2] से शीराज़:-ए-दीवाँ[3] होगा
1 चिंगारी बरसाते विषयों की गर्मी 2 मोहब्बत का धागा 3 दीवान का संकलित होना

अपने अन्दाज़ की भी एक ग़ज़ल पढ़ 'मोमिन'
आख़िर इस बज़्म में कोई तो सुख़न-दाँ[1] होगा
1 शाइ'री समझने वाला

❀

सम[1] खा मुए तो दर्द-ए-दिल-ए-ज़ार[2] कम हुआ
बारे[3] कुछ इस दवा से तो आज़ार[4] कम हुआ

1 जह्र 2 टूटे दिल का दर्द 3 अंततः 4 दुख, रोग

मा'शूक़ से भी हमने निभाई बराबरी
वाँ लुत्फ़[1] कम हुआ तो यहाँ प्यार कम हुआ

1 कृपा, प्रेम, संबंध

आए ग़ज़ाल-चश्म[1] सदा[2] मेरे दाम[3] में
सय्याद[4] ही रहा मैं गिरफ़्तार कम हुआ

1 हिरन जैसे आँखों वाले मा'शूक़ 2 हमेशा 3 जाल 4 शिकारी

नाकामियों की काहिश-ए-बेहद[1] का क्या इ'लाज
बोसः[2] दिया तो ज़ौक़-ए-लब-ए-यार[3] कम हुआ

1 असीम पीड़ा 2 चुंबन 3 मा'शूक़ के होंठ की चाहत

सब ता-ब-फ़ित्ना[1] चौंक पड़े तेरे अ'ह्द[2] में
इक मेरा बख़्त[3] था कि वो बेदार[4] कम हुआ

1 उपद्रव / उत्पात होने तक 2 समय 3 भाग्य 4 जागा हुआ

ज़िक्र-ए-बुताँ[1] से पहली सी नफ़रत नहीं रही
कुछ अब तो कुफ़्र-ए-'मोमिन'-ए-दींदार[2] कम हुआ

1 मूर्तियों / मा'शूक़ों की चर्चा 2 धार्मिक

❁

वस्ल[1] की शब[2] शाम से मैं सो गया
जागना हिज्राँ[3] का बला[4] हो गया

1 मिलन 2 रात 3 विरह 4 मुसीबत

दिल न फिरा जान ही ठहरे ख़ुदा
ये तो न जाए कहीं वो तो गया

आइनः जल्दी से पटक दो कहीं
दिल ही नहीं[1] हाथ से देखो गया

1 नहीं तो

हूँ मैं सियह-रोज़[1] कि वो शम्अ'-रू[1]
शाम को आया था सहर[3] को गया

1 अभागा 2 रौशन चेहरे वाला मा'शूक़ 3 सुब्ह

हाए सनम[1] हाए सनम लब[2] प क्यों
ख़ैर[3] है 'मोमिन' तुम्हें क्या हो गया

1 मूर्ति / मा'शूक़ 2 होंठ 3 कुशल-मंगल

नासेह[1] ये गिल:[2] क्या है कि मैं कुछ नहीं कहता
तू कब मिरी सुनता है कि मैं कुछ नहीं कहता
1 उपदेशक 2 शिकायत

कब पास फटकने दूँ रक़ीबों[1] को तुम्हारे
पर पास[2] तुम्हारा है कि मैं कुछ नहीं कहता
1 मा'शूक़ के अन्य आ'शिक़, प्रतिद्वन्द्वी 2 ध्यान

नासेह को जो चाहूँ तो अभी ठीक बना दूँ
पर ख़ौफ़[1] ख़ुदा का है कि मैं कुछ नहीं कहता
1 डर

मत पूछ कि किस वास्ते[1] चुप लग गई ज़ालिम[2]
बस क्या कहूँ मैं क्या है कि मैं कुछ नहीं कहता
1 लिए 2 अत्याचारी / मा'शूक़

चुपके से तिरे मिलने का घरवालों में तेरे
इस वास्ते चर्चा है कि मैं कुछ नहीं कहता

सुनता नहीं वो वर्ना ये सरगोशि-ए-अग़्यार[1]
क्या मुझको गवारा[2] है कि मैं कुछ नहीं कहता
1 रक़ीबों की काना-फूसी 2 पसन्द, स्वीकार्य

'मोमिन' ब-ख़ुदा[1] सेह्र-बयानी[2] का जभी तक
हर एक को दा'वा है कि मैं कुछ नहीं कहता
1 ख़ुदा की क़सम 2 जादू भरी बातें / शाइ'री

❁

मैंने तुमको दिल दिया तुमने मुझे रुस्वा[1] किया
मैंने तुमसे क्या किया और तुमने मुझसे क्या किया
1 बदनाम

सर से शो'ले उठते हैं आँखों से दरिया जारी है
शम्अ' से ये किसने ज़िक्र[1] उस महफ़िल-आरा[2] किया
1 चर्चा 2 महफ़िल सजाने वाला मा'शूक़

रोइए क्या बख़्त-ए-ख़ुफ़्ता[1] को कि आधी रात से
मैं यहाँ रोया किया और वो वहाँ सोया किया
1 सोया हुआ भाग्य

दिलबरों[1] में बे-वफ़ा[2] मेरी वफ़ा की धूम है
बुल-हवस[3] से क्यों कहा था राज़[4] जो इफ़्शा[5] किया
1 मा'शूक़ों 2 ऐ बे-वफ़ा 3 भोगी-विलासी व्यक्ति 4 रहस्य 5 खोलना

क्या ख़लिश[1] थी रात दिल में आरज़ू-ए-क़त्ल[2] की
नाख़ुन-ए-शमशीर[3] से मैं सीना खुजलाया किया
1 खटक 2 क़त्ल होने की चाहत 3 तल्वार

क्या ख़जिल[1] हूँ अब इ'लाज-ए-बे-क़रारी[2] क्या करूँ
धर दिया हाथ उसने दिल पर तो भी दिल धड़का किया
1 शर्मिन्दा 2 बेचैनी का इ'लाज

अ'र्ज़-ए-ईमाँ[1] से ज़िद उस ग़ारतगर-ए-दीं[2] को बढ़ी
तुझसे ऐ 'मोमिन' ख़ुदा समझे ये तूने क्या किया
1 ईमान की बात कहने से 2 धर्म-ईमान को बर्बाद करने वाला

❋

महशर[1] में पास[2] क्यों दम-ए-फ़रियाद[3] आ गया
रह्म[4] उसने कब किया था कि अब याद आ गया

1 प्रलय / कर्मों के हिसाब का दिन 2 किसी का लिहाज़ 3 फ़रियाद करते समय 4 कृपा, दया

उलझा है पाँव यार का ज़ुल्फ़-ए-दराज़[1] में
लो आप अपने दाम[2] में सय्याद[3] आ गया

1 लम्बे बाल 2 जाल 3 शिकारी

नाकामियों में तुमने जो तश्बीह[1] मुझसे दी
शीरीं[2] को दर्द-ए-तल्ख़ि-ए-फ़र्हाद[3] आ गया

1 उपमा 2 फ़र्हाद की मा'शूक़ 3 फ़र्हाद की मुसीबतों का दर्द

जब हो चुका यक़ीं[1] कि नहीं ताक़त-ए-विसाल[2]
दम[3] में हमारे वो सितम-ईजाद[4] आ गया

1 यक़ीन, विश्वास 2 मिलने की ताक़त 3 पल 4 नए नए अत्याचार करने वाला मा'शूक़

ज़िक्र-ए-शराब-ओ-हूर[1] कलाम-ए-ख़ुदा[2] में देख
'मोमिन' मैं क्या कहूँ मुझे क्या याद आ गया

1 शराब और हूर की बातें 2 ख़ुदा का कलाम / क़ुरान

❋

वा'द:-ए-वस्लत[1] से दिल हो शाद[2] क्या
तुम से दुश्मन की मुबारकबाद[3] क्या

1 मिलन का वा'दा 2 ख़ुश 3 बधाई

कुछ क़फ़स[1] में इन दिनों लगता है जी
आश्याँ[2] अपना हुआ बर्बाद क्या

1 पिंजरा, क़ैद-ख़ाना 2 घोंसला / घर

हैं असीर[1] उसके जो है अपना असीर
हम न समझे सैद[2] क्या सय्याद[3] क्या

1 क़ैदी 2 शिकार 3 शिकारी

नश्श:-ए-उल्फ़त[1] से भूले यार को
सच है ऐसी बे-ख़ुदी[2] में याद क्या

1 मोहब्बत का नशा 2 आत्म-विस्मृति

जब मुझे रन्ज-ए-दिल-आज़ारी[1] न हो
बे-वफ़ा फिर हासिल-ए-बेदाद[2] क्या

1 दिल दुखाए जाने का दुख 2 अत्याचार का फ़ायदा

इन नसीबों[1] पर किया अख़्तर-शनास[2]
आस्माँ भी है सितम-ईजाद[3] क्या

1 भाग्य 2 सितारों को पहचानने वाला, ज्योतिषी 3 नए नए अत्याचार करने वाला

बुत-कदा[1] जन्नत[2] है चलिए बे-हिरास[3]
लब[4] प 'मोमिन' हर-चे-बादा-बाद[5] क्या

1 मूर्ति-घर 2 स्वर्ग 3 निडर 4 होंठ 5 जो हो सो हो

देख लो शौक़-ए-ना-तमाम[1] मिरा
ग़ैर[2] ले जाए है पयाम[3] मिरा

1 अधूरी चाहत 2 रक़ीब 3 संदेश

आतिशीं-ख़ू[1] से आरज़ू-ए-विसाल[2]
पक गया अब ख़याल-ए-ख़ाम[3] मिरा

1 गर्म स्वभाव वाला मा'शूक़ 2 मिलन की इच्छा 3 भ्रमात्मक सोच

देखना कस्रत-ए-बला-नोशी[1]
कासः-ए-आस्माँ[2] है जाम[3] मिरा

1 बहुत जियादा शराब पीना 2 आस्मान रूपी भिक्षा-पात्र 3 प्याला

रुत्बः[1] उफ़्तादगी[2] का देखो है
अ'र्श[3] के भी परे मक़ाम[4] मिरा

1 पद, प्रतिष्ठा 2 बदहाली 3 सबसे ऊँचा आस्मान 4 स्थान, सम्मान

किस सनम[1] को छुड़ा दिया वाइ'ज़[2]
ले ख़ुदा तुझसे इन्तिक़ाम[3] मिरा

1 मूर्ति / मा'शूक़ 2 धर्म उपदेशक 3 बदला, प्रतिशोध

बन्दगी काम आ रही आख़िर
मैं न कहता था क्यों सलाम मिरा

ज़ानु-ए-बुत[1] प जान दी देखा
'मोमिन' अन्जाम[2]-ओ-इख़्तिताम[3] मिरा

1 मा'शूक़ की गोद 2 अंत 3 समापन

❁

ग़ैरों[1] प खुल न जाए कहीं राज़ देखना
मेरी तरफ़ भी ग़म्ज़ः-ए-ग़म्माज़[2] देखना

1 रक़ीबों 2 इशारे करने वाले मा'शूक़ के हाव भाव

उड़ते ही रंग-ए-रुख़[1] मिरा नज़रों से था निहाँ[2]
इस मुर्ग़-ए-पर-शिकस्ता[3] की पर्वाज़[4] देखना

1 चेहरे का रंग 2 छुपा हुआ 3 टूटे परों वाला परिन्दा 4 उड़ान

दुश्नाम-ए-यार[1] तब-ए'-हज़ीं[2] पर गराँ[3] नहीं
ऐ हम-नफ़स[4] नज़ाकत-ए-आवाज़[5] देखना

1 मा'शूक़ की गली 2 दुखी दिल 3 भारी 4 दोस्त, साथी 5 आवाज़ की कोमलता

देख अपना हाल-ए-ज़ार[1] मुनज्जिम[2] हुआ रक़ीब[3]
था साज़गार[4] ताले-ए'-ना-साज़[5] देखना

1 बुरा हाल 2 ज्योतिषी 3 मा'शूक़ का अन्य आ'शिक़, प्रतिद्वन्द्वी 4 अनुकूल 5 बिगड़ा हुआ भाग्य

मत रखियो गर्द-ए-तारक-ए-उ'श्शाक़[1] पर क़दम
पामाल[2] हो न जाए सर-अफ़राज़[3] देखना

1 आ'शिक़ों के सर की धूल 2 रौंदा हुआ, क़ुचला हुआ 3 जिसका सर उठा हो, सम्मानित

तर्क-ए-सनम[1] भी कम नहीं सोज़-ए-जहीम[2] से
'मोमिन' ग़म-ए-मआल[3] का आग़ाज़[4] देखना

1 मूर्ति / मा'शूक़ को छोड़ना 2 नर्क की आग 3 नतीजे का ग़म 4 आरंभ

❁

इस वुस्अ'त-ए-कलाम[1] से जी तंग आ गया
नासेह[2] तू मेरी जान न ले दिल गया गया

1 बहुत अधिक बोलना 2 उपदेशक

कुछ आँख बन्द होते ही आँखें सी खुल गईं
जी इक बला-ए-जान[1] था अच्छा हुआ गया

1 जान की मुसीबत

मेरा गला हँसी से यूँही घोंटते थे वो
क्या सोच कर रक़ीब[1] ख़ुश आया ख़फ़ा गया

1 मा'शूक़ का अन्य आ'शिक़

आह-ए-सहर[1] हमारी फ़लक[2] से फिरी न हो
कैसी हवा चली ये कि जी सनसना गया

1 सुब्ह के वक़्त की आह 2 आस्मान

ऐ जज़्ब-ए-दिल[1] न थम कि न ठहरा वो शो'ला-रू[2]
आया तो गर्म-गर्म वो लेकिन जला गया

1 दिल की चाहत 2 शो'ले जैसे चेहरे वाला मा'शूक़

मुझ ख़ानुमाँ-ख़राब[1] का लिक्खा कि जान कर
वो नामः[2] ग़ैर[3] का मिरे घर में गिरा गया

1 बर्बाद 2 ख़त 3 रक़ीब

बोसः[1] सनम की आँख का लेते ही जान दी
'मोमिन' को याद क्या हजर-ए-अस्वद[2] आ गया

1 चुंबन 2 काला पत्थर जो का'बे में लगा है

❁

क्या शब-ए-इन्तिज़ार[1] होना था
नाहक़[2] उम्मीद-वार होना था
1 मा'शूक़ के इन्तिज़ार की रात 2 बे-फ़ायदा

क्यों न होते अ'ज़ीज़[1] ग़ैर[2] तुम्हें
मेरी क़िस्मत में ख़्वार[3] होना था
1 प्रिय 2 पराए 3 अपमानित

ख़ाक[1] होता न मैं तो क्या करता
उसके दर[2] का ग़ुबार[3] होना था
1 मिट्टी 2 चौखट 3 धूल

सब्र[1] कर सब्र हो चुका जो कुछ
ऐ दिल-ए-बे-क़रार[2] होना था
1 धैर्य 2 बेचैन दिल

ख़ाक में हैफ़[1] ये शराब मिले
मोहतसिब[2] बादः-ख़्वार[3] होना था
1 अफ़्सोस 2 धर्म अधिकारी 3 शराबी

रात दिन बादः-ओ-सनम[1] 'मोमिन'
कुछ तो पर्हेज़-गार[1] होना था
1 शराब और मा'शूक़ 2 बुरे कामों से बचने वाला

❀

अ'दम[1] में रहते तो शाद[2] रहते उसे भी फ़िक्र-ए-सितम[3] न होता
जो हम न होते तो दिल न होता जो दिल न होता तो ग़म न होता

1 नश्वरता, मौन, अनस्तित्व 2 ख़ुश 3 अत्याचार की चिंता

पड़ा ही मरना बस अब तो हमको जो उसने ख़त पढ़ के नामः-बर[1] से
कहा कि गर सच ये हाल होता तो दफ़्तर[2] इतना रक़म[3] न होता

1 संदेश-वाहक 2 बहुत से काग़ज़ 3 लिखा होना

किसी के जलने का ध्यान आया वगर्ना[1] दूद[2]-ए-फ़ुग़ाँ[3] से मेरे
अगर हज़ारों सिपह्र[4] बनते तुम्हारी आँखों में नम न होता

1 नहीं तो 2 धुआँ 3 फ़रियाद, रोना-धोना 4 आस्मान

जहान-ए-तंग[1]-ओ-हुजूम-ए-वहशत[2] ग़रज़[3] कि दम[4] पर बुरी बनी थी
कहाँ मैं जाता न जी ठहरता कहीं जो दश्त-ए-अ'दम[5] न होता

1 तंग दुनिया 2 बहुत अधिक बेचैनी / उलझन 3 मत्लब ये 4 जान 5 नश्वरता का वीराना

मगर रक़ीबों[1] ने सर उठाया कि ये न होता तो बे-मुरव्वत[2]
नज़र से ज़ाहिर हया[3] न होती हया से गर्दन में ख़म[4] न होता

1 मा'शूक़ के अन्य आ'शिक़, प्रतिद्वन्द्वी 2 निर्दयी 3 शर्म 4 झुकना

विसाल[1] तो है कहाँ मयस्सर[2] मगर ख़याल-ए-विसाल[3] ही में
मज़े उड़ाते हवस[4] निकलती जो साथ अन्दाज़-ए-रम[5] न होता

1 मिलन 2 उपलब्ध/ प्राप्त 3 मिलन का ध्यान 4 लालसा 5 दूर भागने का अन्दाज़

हुआ मुसलमाँ मैं और डर से न दर्स-ए-वाइ'ज़[1] को सुन के 'मोमिन'
बनी थी दोज़ख़[2] बला से बनती अ'ज़ाब-ए-हिज्र-ए-सनम[3] न होता

1 धर्म उपदेशक का उपदेश 2 नर्क 3 मा'शूक़ की जुदाई की यातना

दिल क़ाबिल-ए-मोहब्बत-ए-जानाँ[1] नहीं रहा
वो वलवला[2] वो जोश वो तुग़्याँ[3] नहीं रहा

1 मा'शूक़ की मोहब्बत के योग्य 2 जोश 3 बाढ़

करते हैं अपने ज़ख़्म-ए-जिगर[1] को रफ़ू हम आप
कुछ भी ख़याल-ए-जुम्बिश-ए-मिज़्गाँ[2] नहीं रहा

1 दिल का ज़ख़्म 2 पलकों के चलने का ध्यान

क्या अच्छे हो गए कि भलों से बुरे हुए
यारों को फ़िक्र-ए-चारः-ओ-दर्मां[1] नहीं रहा

1 इ'लाज की चिंता

नाकामियों का गाह[1] गिला[2] गाह शुक्र[3] है
शौक़-ए-विसाल[4]-ओ-अन्दुह[5]-ए-हिज्राँ[6] नहीं रहा

1 कभी 2 शिकायत 3 धन्यवाद 4 मिलन की ख़ुशी 5 दुख 6 विरह

बेकारी-ए-उमीद से फ़ुर्सत है रात दिन
वो कारोबार-ए-हस्रत-ओ-हिर्मां[1] नहीं रहा

1 निराशा

बे-सैर-ए-दश्त-ओ-बाद[1] ये लगने लगा है जी
और उस ख़राब घर में कि वीराँ[2] नहीं रहा

1 वीराने और हवा की सैर के बिना 2 वीरान

'मोमिन' ये लाफ़-ए-उल्फ़त-ए-तक़्वा[1] है क्यों मगर
दिल्ली में कोई दुश्मन-ए-ईमाँ[2] नहीं रहा

1 संयमी होने से लगाव का घमंड 2 ईमान लूटने वाला मा'शूक़

हम-रंग[1] लाग़री[2] से हूँ गुल[3] की शमीम[4] का
तूफ़ान-ए-बाद[5] है मुझे झोंका नसीम[5] का

1 एक जैसे रंग का 2 कमज़ोरी 3 फूल 4 ख़ुश्बू 5 हवा का तूफ़ान 6 हवा

छोड़ा न कुछ भी सीने में तुग़्यान-ए-अश्क[1] ने
अपनी ही फ़ौज हो गई लश्कर[2] ग़नीम[3] का

1 आँसुओं की बाढ़ 2 फ़ौज 3 दुश्मन

यारान-ए-नौ[1] के वास्ते मुझसे ख़फ़ा हुए
तुमको नहीं है पास[2] नियाज़-ए-क़दीम[3] का

1 नए दोस्तों 2 ख़याल 3 पुराना भक्ति-भाव

अज़-बस-कि[1] सब्त-ए-नामा[2] है सोज़-ए-तप-ए-दरूँ[3]
क़ासिद[4] का हाथ है यद-ए-बैज़ा[5] कलीम[6] का

1 चूँकि 2 पत्र में लिखा हुआ 3 दिल की आग की आँच 4 संदेश-वाहक
5 रौशन हाथ 6 पैग़म्बर मूसा

वाइ'ज़ कभी हिला नहीं कू-ए-सनम[1] से मैं
क्या जानूँ क्या है मर्तब:[2] अ'र्श-ए-अ'ज़ीम[3] का

1 महबूब की गली 2 पद-प्रतिष्ठा 3 ऊँचा आस्मान

मारा है वस्ल-ए-ग़ैर[1] के शिक्वे[2] प चाहिए
मदफ़न[3] जुदा-जुदा[4] मिरी लाश-ए-दो-नीम[5] का

1 रक़ीब से मिलन 2 शिकायत 3 क़ब्र 4 अलग-अलग 5 दो टुकड़े लाश

'मोमिन' तुझे तो वह्ब[1] है मोमिन[2] ही वो नहीं
जो मो'तक़िद[3] नहीं तिरी तब-ए'-सलीम[4] का

1 ख़ुदा की देन 2 मुसलमान 3 विश्वास रखने वाला 4 सहज स्वभाव, विवेक

❁

न जाऊँगा कभी जन्नत में मैं न जाऊँगा
अगर न होवेगा नक़्शा तुम्हारे घर का सा

ये जोश-ए-यास[1] तो देखो कि अपने क़त्ल के वक़्त[2]
दुआ'-ए-वस्ल[3] न की वक़्त था असर का सा

1 निराशा की अधिकता 2 समय 3 मिलन की दुआ'

ज़रा हो गर्मि-ए-सोहबत[1] तो ख़ाक[2] कर दे चर्ख़[3]
मिरा सुरूर[4] है गुल-ख़न्दः-ए-शरर[5] का सा

1 साथ रहना 2 मिट्टी 3 आस्मान / भाग्य 4 नशा 5 चिंगारी का खुल कर हँसना

ये ना-तवाँ[1] हूँ कि हूँ और नज़र नहीं आता
मिरा भी हाल हुआ तेरी ही कमर का सा

1 कमज़ोर

जुनूँ के जोश से बेगाना-वार[1] हैं अहबाब[2]
हमारा हाल वतन[3] में हुआ सफ़र का सा

1 बेगानों जैसे 2 दोस्त 3 जन्म-भूमि

ख़बर नहीं कि उसे क्या हुआ पर उस दर[1] पर
निशान-ए-पा[2] नज़र आता है नामः-बर[3] का सा

1 चौखट 2 पद-चिन्ह 3 संदेश-वाहक

दिल ऐसे शोख़[1] को 'मोमिन' ने दे दिया कि वो है
मुहिब[2] हुसैन का और दिल रखे शिमर[3] का सा

1 चंचल मा'शूक़ 2 मोहब्बत करने वाला 2 इमाम हुसैन का क़ातिल

किसी का हुआ आज कल था किसी का
न है तू किसी का न होगा किसी का

किया उसने क़त्ल-ए-जहाँ[1] इक नज़र में
न देखा किसी ने तमाशा किसी का

1 सारी दुनिया की हत्या

न मेरी सुने वो न मैं नासेहों[1] की
नहीं मानता कोई कहना किसी का

1 उपदेशकों

सबा[1] निक्हत-ए-यार[2] लाई कहाँ से
नहीं दख़्ल[3] उस कू[4] में अस्ला[5] किसी का

1 हवा 2 मा'शूक़ की ख़ुश्बू 3 पहुँच 4 गली 5 ज़रा भी

वो करते हैं बे-बाक[1] आ'शिक़-कुशी[2] यूँ
नहीं कोई दुनिया में गोया[3] किसी का

1 निडर होकर / खुल कर 2 आ'शिक़ों की हत्या 3 जैसे

दम-ए-अल-हज़र[1] और इ'श्क़-ए-बुताँ[2] से
तुझे डर है ऐ 'मोमिन' ऐसा किसी का

1 'बचाव-बचाव' पुकारना 2 मूर्तियों / मा'शूक़ों का इ'श्क़

❁

मुझको तेरे इ'ताब[1] ने मारा
या मिरे इज़्तिराब[2] ने मारा

1 प्रकोप 2 बेचैनी, अधीरता

बज़्म-ए-मय[1] में बस एक मैं महरूम[2]
आपके इज्तिनाब[3] ने मारा

1 शराब की महफ़िल 2 वंचित 3 उपेक्षा

लेके दिल भी कजी[1] नहीं जाती
ज़ुल्फ़ के पेच-ओ-ताब[2] ने मारा

1 टेढ़ 2 घुमाव, उलझाव, बेचैनी

ख़ून[1] क्यों-कर[2] मिरा खुले कि मुझे
इक सरापा[3] हिजाब[4] ने मारा

1 क़त्ल 2 कैसे 3 सर से पाँव तक 4 पर्दा

लब-ए-मय-गूँ[1] प जान देते हैं
हमें शौक़[2]-ए-शराब ने मारा

1 शराब जैसे रंग वाले (लाल, गुलाबी) होंठ 2 चाहत

यूँ कभी नौजवाँ न मरता मैं
तेरे अ'ह्द-ए-शबाब[1] ने मारा

1 जवानी का समय / उ'म्र

'मोमिन' अज़-बस[1] हैं बे-शुमार[3] गुनाह
ग़म-ए-रोज़-ए-हिसाब[3] ने मारा

1 बहुत अधिक 2 अनगिनत 3 हिसाब-किताब के दिन
(प्रलय) का दुख

क़ाबू में नहीं हैं दिल-ए-कम-हौस्ल:[1] अपना
इस जौर[2] प जब करते हैं तुझसे गिल:[3] अपना

1 कम हिम्मत दिल 2 अत्याचार 3 शिकायत

लब्बैक[1]-ए-हरम[2] हम हैं न नाक़ूस-ए-कलीसा[3]
फिर शेख़[4]-ओ-बरहमन[5] में है क्यों ग़ुलग़ुल:[6] अपना

1 'मैं आया, मैं आया' कहना 2 का'बा, जहाँ हज किया जाता है 3 गिरजा घर की घंटियाँ 4 इस्लामी धर्म गुरू 5 हिंदू धर्म गुरू 6 शोर, हंगामा

हिल जाते ही अग़्यार[1] निकल आते हैं बाहर
ज़न्जीर-ए-दर-ए-यार[2] है या सिलसिल:[3] अपना

1 रक़ीब, मा'शूक़ के अन्य आ'शिक़ 2 मा'शूक़ के घर की ज़न्जीर 3 संबंध

थे दश्त[1] में हमराह[2] मिरे आब्ल:-ए-चन्द[3]
सो आप ही पामाल[4] हुआ क़ाफ़िल: अपना

1 वीराना 2 साथ 3 कुछ छाले 4 रौंदा / कुचला हुआ

इस हाल को पहुँचे तिरे ग़ुस्से से कि अब हम
राज़ी हैं गर[1] आ'दा[2] भी करें फ़ैस्ल: अपना

1 अगर 2 रक़ीब (बहुवचन)

सूरत वही अ'ज़मत[1] वही गर्दिश[2] वही कैसी
हैराँ है कि ये चर्ख़[3] है या आब्ल:[4] अपना

1 महानता 2 चक्कर, घूमना 3 आस्मान 4 छाला

इन्साफ़[1] के ख़्वाहाँ[2] हैं नहीं तालिब-ए-ज़र[3] हम
तहसीन-ए-सुख़न-फ़ह्म[4] है 'मोमिन' सिल:[5] अपना

1 न्याय 2 इच्छुक 3 पैसा चाहने वाला 4 शाइ'री समझने वाले की प्रशंसा 5 पुरस्कार, प्रतिकार

राज़-ए-निहाँ[1] ज़बान-ए-अग़यार[2] तक न पहुँचा
क्या एक भी हमारा ख़त यार तक न पहुँचा

1 छुपा हुआ रहस्य 2 रक़ीबों की ज़बान

अल्लह री ना-तवानी[1] जब शिद्दत-ए-क़लक़[2] से
बालीं[3] से सर उठाया दीवार तक न पहुँचा

1 कमज़ोरी 2 दुख की अधिकता 3 सरहाना

रोते तो रह्म[1] आता सो उसके रू-ब-रू[2] तो
इक क़त्र:[3] ख़ूँ भी चश्म-ए-ख़ूँ-बार[4] तक न पहुँचा

1 दया 2 सामने 3 बूँद 4 ख़ून के आँसू रोती आँख

बे-बख़्त[1] रंग-ए-ख़ूबी[2] किसकाम का कि मैं तो
था गुल[3] वले किसी की दस्तार[4] तक न पहुँचा

1 भाग्यशाली हुए बिना 2 अच्छाई कर रंग 3 फूल 4 पगड़ी

थी ख़ार-ए-राह[1] तेरी मिज़्गाँ[2] की याद शब[3] भर
ता-सुब्ह[4] ख़्वाब चश्म-ए-बेदार[5] तक न पहुँचा

1 रास्ते के काँटे 2 पलकें 3 रात 4 सुब्ह तक 5 जागी हुई आँख

बख़्त-ए-रसा[1] अ'दू[2] का जो चाहे सो कहे अब
इक बार यार मुझ तक मैं यार तक न पहुँचा

1 भाग्यशाली होना 2 रक़ीब

'मोमिन' उसी ने मुझसे दी बरतरी[1] किसी को
जो पस्त-फ़ह्म[2] मेरे अश्आ'र[3] तक न पहुँचा

1 श्रेष्ठता 2 कम-समझ व्यक्ति 3 शे'र का बहुवचन

ग़ैर[1] आ कर क़रीब-ए-ख़ान:[2] रहा
शौक़[3] अब तेरे आने का न रहा

1 रक़ीब, मा'शूक़ का अन्य आ'शिक़ 2 घर के पास
3 चाहत, लालसा

तेरे पर्दे ने की ये पर्द:-दरी[1]
तेरे छुपते ही कुछ छुपा न रहा

1 पर्दा टूटना / खुलना

ग़म मिरा किसलिए कि दुनिया में
न रहा मैं मिरा फ़सान:[1] रहा

1 कहानी

मुद्दआ'[1] ग़ैर से कहा ता[2] वो
समझे अब कुछ भी मुद्दआ' न रहा

1 मत्लब की बात 2 ताकि

किसकी ज़ुल्फ़ों का ध्यान था कि मैं शब[1]
महव-ए-दूद-ए-चराग़-ए-ख़ान:[2] रहा

1 रात 2 घर के चराग़ के धुएँ में गुम

दिल लगाने के तो उठाए मज़े
जी बला से रहा रहा न रहा

'मोमिन' उस बुत के नीम-नाज़ ही में
तुमको दा'वा-ए-इत्तिक़ा न रहा

1 मूर्ति / मा'शूक़ 2 आधी अदाएँ / अदाएँ दिखाने का
आरंभ 3 संयमी / पवित्र होने का दा'वा

❁

तुम भी रहने लगे ख़फ़ा साहब
कहीं साया मिरा पड़ा साहब

है ये बन्दा ही बेवफ़ा साहब
ग़ैर[1] और तुम भले भला साहब

1 रक़ीब, मा'शूक़ का अन्य आ'शिक़

क्यों उलझते हो जुम्बिश-ए-लब[1] से
ख़ैर है मैंने क्या किया साहब

1 होंठों का हिलना

क्यों लगे देने ख़त्त-ए-आज़ादी[1]
कुछ गुनह[2] भी ग़ुलाम का साहब

1 मुक्ति-पत्र 2 पाप, अपराध

दम-ए-आख़िर[1] भी तुम नहीं आते
बन्दगी[2] अब कि मैं चला साहब

1 मरते समय 2 सलाम

सितम[1] आज़ार[2] ज़ुल्म[3]-ओ-जौर[4]-ओ-जफ़ा[5]
जो किया सो भला किया साहब

1,3,4,5 अत्याचार 2 दुख, पीड़ा

नाम-ए-इ'श्क़-ए-बुताँ[1] न लो 'मोमिन'
कीजिए बस ख़ुदा-ख़ुदा साहब

1 मूर्तियों / मा'शूक़ों के इ'श्क़ का नाम

❋

थी वस्ल[1] में भी फ़िक्र-ए-जुदाई[2] तमाम[3] शब[4]
वो आए तो भी नींद न आई तमाम शब

1 मिलन 2 बिछड़ने की चिंता 3 सारी / सारा 4 रात

वाँ[1] ता'नः[2] तीर-बार[3] यहाँ शिक्वः[4] ज़ख़्म-रेज़[5]
बाहम[6] थी किस मज़े की लड़ाई तमाम शब

1 वहाँ 2 कटाक्ष 3 तीर बरसाने वाला 4 शिकायत 5 ज़ख़्म देने वाला 6 आपस में

रंगीं हैं ख़ून-ए-सर से वो हाथ आज-कल रहे
जिस हाथ में वो दस्त-ए-हिनाई[1] तमाम शब

1 मेंहदी लगा हाथ

तालू से याँ ज़बान सहर[1] तक नहीं लगी
था किसको शग़्ल-ए-नग़्मः-ए-सराई[2] तमाम शब

1 सुब्ह 2 गाना गाने का काम

यक बार देखते ही मुझे ग़श[1] जो आ गया
भूले थे वो भी होश-रुबाई[2] तमाम शब

1 बेहोशी 2 होश उड़ाना

'मोमिन' मैं अपने नालों[1] के सदक़े[2] कि कहते हैं
उनको भी आज नींद न आई तमाम शब

1 फ़रियाद, रोना 2 न्योछावर

बिगड़े थे यहाँ वो आन[1] कर रात
बे-तौर[2] बनी थी जान पर रात

1 आ 2 बुरी तरह

हम ता-सहर[1] आप में नहीं थे
क्या जाने रहे वो किसके घर रात

1 सुब्ह तक

अफ़्साना[1] समझ के सो गए वो
काम आई फ़ुग़ान[2]-ए-बेअसर रात

1 कहानी 2 रोना

तारे आँखें झपक रहे थे
था बाम[1] प कौन जल्वः-गर[2] रात

1 छत 2 प्रकट, रौशन

अन्धेर पड़ा ज़माने में हाए
ने दिन को है मेह्‌र[1] ने क़मर[2] रात

1 सूरज 2 चाँद

इस लैल-ओ-नहार-ए-ग़म[1] ने मारा
है रोज़[2] सियह[3] सियाह-तर[4] रात

1 दुख के रात और दिन 2 दिन 3 काला / काली 4 अधिक काला / काली

उस घर में है ऐ'श-ए-ख़ुल्द[1] 'मोमिन'
क्या जाने कहाँ है दिन किधर रात

1 स्वर्ग का आनंद

हो न बेताब[1] अदा तुम्हारी आज
नाज़[2] करती है बे-क़रारी[3] आज

1 बेचैन 2 अभिमान 3 बेचैनी

उड़ गया चर्ख़[1] पर ग़ुबार[2] अपना
हो गई ख़ाक ख़ाकसारी[3] आज

1 मिट्टी 2 धूल 3 विनम्रता

नज़्अ'[1] है और रोज़-ए-वा'दः-ए-वस्ल[2]
है ब-हर-तौर[3] दम-शुमारी[4] आज

1 मौत का वक़्त 2 मिलने के वा'दे का दिन 3 हर हाल में
4 साँसों की गिनती

तेरे आते ही दम में दम आया
हो गई यास[1] उमीद-वारी[2] आज

1 निराशा 2 आशामय होना

कोई भींचे है दिल को पहलू में
किसने की उससे हम-किनारी[1] आज

1 आलिंगन-बद्ध होना

इक नई आरज़ू[1] का ख़ून हुआ
हम हैं और ताज़ा सोगवारी[2] आज

1 कामना 2 शोकमयता

'मोमिन' उस बुत को देख आह भरी
क्या हुआ लाफ़-ए-दीन-दारी[1] आज

1 धार्मिक होने का दंभ

❁

पंजः-ए-शानः[1] से तू ज़ुल्फ़-ए-गिरह-गीर[2] न खींच
दिल से दीवाने को मत छेड़ ये ज़न्जीर न खींच

1 कंघी के दाने 2 घुंघराले बाल

ऐ सितम-पेशः[1] मिरे बा'द कहाँ नश्शः-ए-इ'श्क़
देख ख़म्याज़ः[2]-ए-हस्रत[3] है ये शम्शीर[4] न खींच

1 अत्याचारी 2 अंगड़ाई, नतीजा 3 कामना 4 तल्वार

है दवा मेरी वही सो नहीं मुम्किन[1] कि मिले
चारागर[2] रन्ज[3]-ओ-मुसीबत प-ए-तदबीर[4] न खींच

1 संभव 2 चिकित्सक 3 दुख 4 प्रयास / उपाय के लिए

मैं न कहता था मुसव्विर[1] कि वो है शो'ला-मिज़ाज[2]
देख तू सफ़्हः-ए-क़िर्तास[3] प तस्वीर न खींच

1 चित्रकार 2 गर्म स्वभाव वाला 3 काग़ज़ का पन्ना

हम जवाँ-मर्द-ए-मोहब्बत भी समझ लेंगे भला
अपनी ईजा[1] से तू हाथ ऐ फ़लक-ए-पीर[2] न खींच

1 यातना 2 बूढ़ा आस्मान

रोज़-ए-ग़म[1] कौन भला आन के होता है शरीक[2]
इन्तिज़ार-ए-असर[3] ऐ नालः-ए-शबगीर[4] न खींच

1 दुख भरा दिन 2 साथ 3 प्रभाव होने की प्रतीक्षा 4 रात में रोना

'मोमिन' आ कैश-ए-मोहब्बत[1] में कि है सब जाइ'ज़[2]
हस्रत-ए-हुर्मत-ए-सहबा-ओ-मज़ामीर[3] न खींच

1 प्रेम-भाव 2 उचित 3 शराब और संगीत के वर्जित / निषेध होने की चिंता

गर चन्दे[1] और ये ही रही यार की तरह[2]
हम भी बनेंगे बुल-हवस[3] अग़यार[4] की तरह

1 कुछ दिन / देर 2 अन्दाज़ 3 वासनामय व्यक्ति 4 रक़ीब, मा'शूक़ के अन्य आ'शिक़

आवाज़-ए-गुंबद[1] उससे शिकायत अ'दू[2] की थी
नाचार[3] चुप हैं सूरत-ए-दीवार की तरह

1 प्रतिध्वनि 2 रक़ीब 3 असहाय

सोने दिया न उसने शब-ए-वस्ल[1] में भी क्या
हम जागते हैं ताले-ए'-बेदार[2] की तरह

1 मिलन की रात 2 जागा हुआ भाग्य, सौभाग्य

होते हैं क़त्ल ग़ैर[1] अब इधर है निगाह-ए-लुत्फ़[2]
अरमाँ मिरे निकलते हैं तल्वार की तरह

1 रक़ीब 2 प्रेम-दृष्टि

दिल में हवा-ए-बुतकदा[1] ज़ाहिर[2] में क्या हुसूल[3]
रहना हरम[4] में 'मोमिन'-ए-मक्कार की तरह

1 मूर्ति-घर 2 बाहर से 3 फ़ायदा, प्राप्ति 4 का'बा, मस्जिद

❁

रोया करेंगे आप भी पहरों इसी तरह
अटका कहीं जो आप का दिल भी मिरी तरह

मर चुक कहीं कि तू ग़म-ए-हिज्राँ[1] से छूट जाए
कहते तो हैं भले की वो लेकिन बुरी तरह

1 विरह का दुख

ने ताब[1] हिज्र[2] में है न आराम वस्ल[3] में
कम-बख़्त[4] दिल को चैन नहीं है किसी तरह

1 धैर्य 2 विरह 3 मिलन 4 अभागा

लगती हैं गालियाँ भी तिरे मुंह से क्या भली
क़ुर्बान[1] तेरे फिर मुझे कह ले उसी तरह

1 न्योछावर

पामाल[1] हम न होते फ़क़त[2] जौर-ए-चर्ख़[3] रो
आई हमारी जान प आफ़त[4] कई तरह

1 रौंदा / कुचला जाना 2 केवल 3 आस्मान का अत्याचार 4 विपत्ति

ने जाए वाँ बने है न बिन जाए चैन है
क्या कीजिए हमें तो है मुश्किल सभी तरह

हूँ जाँ-ब-लब[1] बुतान-ए-सितमगर[2] के हाथ से
क्या सब जहाँ में जीते हैं 'मोमिन' इसी तरह

1 मरणासन्न 2 अत्याचारी मूर्तियाँ / मा'शूक़

ऐ तुन्द-ख़ू[1] आ जा कहीं तेग़ा[2] कमर से बाँध कर
किन मुद्दतों[3] से हम कफ़न फिरते हैं सर से बाँध कर

1 तेज़ स्वभाव वाला / मा'शूक़ 2 तल्वार 3 बहुत दिन

या वो डुबोएगा ज़मीं या हम डुबोएँगे फ़लक[1]
आ जाए तो रोते हैं हम शर्त अब्र-ए-तर[2] से बाँध कर

1 आस्मान 2 बरसता हुआ बादल

ख़त[1] में तो लिख सकता नहीं अहवाल-ए-सोज़-ए-दिल[2] उसे
पर भेज दूँ जी में है पर्वाने के पर से बाँध कर

1 पत्र 2 दिल की आग का हाल

दुश्मन[1] सग-ए-कूचा[2] न हो उस शोख़[3] आहू-चश्म[4] का
नादिम[5] हूँ का'ब-ए-गुर्ग[6] पा-ए-नामा-बर[7] से बाँध कर

1 रक़ीब 2 गली का कुत्ता 2 चंचल 4 हिरन जैसी आँखों वाला / मा'शूक़ 5 लज्जित
6 भेड़िये के टख़ने की हड्डी 7 संदेश-वाहक का पाँव

आ झाँक तू भी तो कहीं बेदीद[1] कैसी टकटकी
बैठे हुए हैं रौज़न[2]-ए-दीवार-ओ-दर से बाँध कर

1 निर्दयी 2 खिड़की

जर्राह[1] क्या सोचा बता क्या रंग देखा क्या हुआ
क्यों खोल ली पट्टी मिरे ज़ख़्म-ए-जिगर[2] से बाँध कर

1 ज़ख़्मों का इ'लाज करने वाला / सर्जन 2 दिल का ज़ख़्म

'मोमिन' से अच्छी हो ग़ज़ल था इसलिए ये ज़ोर-शोर[1]
क्या क्या मज़ामीं[2] लाए हम किस किस हुनर से बाँध कर

1 हंगामा 2 विषय (बहुवचन)

❁

जाते थे सुब्ह रह गए बेताब[1] देख कर
ताले'[2] हमारे चौंक पड़े ख़्वाब देख कर

1 बेचैन 2 भाग्य

ये तिश्ना-कामि-ए-निगह-ए-गर्म[1] देखना
हस्रत से रो दिया तरफ़-ए-आब[2] देख कर

1 मा'शूक़ की ग़ुस्से भरी आँख से पैदा होने वाली प्यास 2 पानी की तरफ़

उट्ठी न ना'श[1] भी तिरे कूचे[2] से बा'द-ए-क़त्ल[3]
हम रह पड़े ज़मीन को शादाब[4] देख कर

1 लाश 2 गली 3 हत्या के बा'द 4 हरा-भरा

शौक़-ए-विसाल[1] देख कि आया अ'दू[2] के घर
सूझा न कुछ मुझे शब-ए-महताब[3] देख कर

1 मिलन की चाहत 2 रक़ीब 3 चाँदनी रात

है-है[1] तमीज़-ए-इ'श्क़-ओ-हवस[2] आज तक नहीं
वो छुपते फिरते हैं मुझे बेताब देख कर

1 अफ़्सोस 2 प्रेम और वासना में अंतर

'मोमिन' ये ताब[1] क्या कि तक़ाज़ा-ए-जल्वः[2] हो
काफ़िर हुआ मैं दीन[3] के आदाब[4] देख कर

1 साहस 2 मा'शूक़ के दर्शन की माँग 3 धर्म 4 नियम

‘मोमिन’ ख़ुदा के वास्ते ऐसा मकाँ न छोड़
दोज़ख़[1] में डाल ख़ुल्द[2] को कू-ए-बुताँ[3] न छोड़

1 नर्क 2 स्वर्ग 3 मूर्तियों / मा’शूक़ों की गली

आ’शिक़ तो जानते हैं वो ऐ दिल यही सही
हर-चन्द[1] बे-असर है पर आह-ओ-फ़ुग़ाँ[2] न छोड़

1 यद्यपि 2 आहें भरना और रोना

इस तब-ए’-नाज़नीं[1] को कहाँ ताब-ए-इन्फ़िआ’ल[2]
जासूस मेरे वास्ते ऐ बद-गुमाँ[3] न छोड़

1 अभिमानी स्वभाव 2 लज्जित होने की सहन शक्ति 3 दूसरों के बारे में बुरा सोचने वाला

नाचार[1] देंगे और किसी ख़ूब-रू[2] को दिल
अच्छा तू अपनी ख़ू-ए-बद[3] ऐ बद-ज़बाँ[4] न छोड़

1 मज्बूर हो कर 2 सुंदर चेहरे वाला 3 बुरा स्वभाव 4 बुरी बुरी बात करने वाला

कुछ कुछ दुरुस्त[1] ज़िद से तिरी हो चले हैं वो
यक-चन्द[2] और कज-रवी[3] ऐ आस्माँ[4] न छोड़

1 ठीक 2 कुछ दिन / देर तक 3 बुरी / टेढ़ी चाल 4 आस्मान

जिस कूचे[1] में गुज़ार[2] सबा[3] का न हो सके
ऐ अ’न्दलीब[4] उसके लिए गुलसिताँ[5] न छोड़

1 गली 2 जाना 3 अच्छी हवा 4 बुलबुल 5 बाग

होता है इस जहीम[1] में हासिल[2] विसाल-ए-हूर[3]
‘मोमिन’ अ’जब बहिश्त[4] है दैर-ए-मुग़ाँ[5] न छोड़

1 नर्क 2 प्राप्त 3 हूर का मिलन 4 स्वर्ग 5 शराब पिलाने वालों का मंदिर

❁

हिज्राँ[1] का शिक्व:[2] लब[3] तलक आया नहीं हनूज़[4]
लुत्फ़-ए-विसाल[5] ग़ैर[6] ने पाया नहीं हनूज़

1 विरह 2 शिकायत 3 होंठ 4 अभी तक 5 मिलन का मज़ा 6 रक़ीब, मा'शूक़ का अन्य आ'शिक़

जा चुक ख़ुदा के वास्ते ऐ मौसम-ए-बहार
ख़ाक-ए-अ'दू[1] प फूल वो लाया नहीं हनूज़

1 रक़ीब की मिट्टी / क़ब्र

वाइ'ज़[1] हमारे सामने करता है वस्फ़-ए-हूर[2]
समझा है उसने जल्व: दिखाया नहीं हनूज़

1 धर्म उपदेशक 2 स्वर्ग की सुन्दरियों की प्रशंसा

क्यों-कर[1] मुझे गुनाह-ए-ज़ुलेख़ा, यक़ीन आए
दामन को तेरे हाथ लगाया नहीं हनूज़

1 कैसे 2 विश्वास

ऐसे सितम[1] किए कि मिरा जी बिठा दिया
हर-चन्द[2] सर फ़लक[3] ने उठाया नहीं हनूज़

1 अत्याचार 2 यद्यपि 3 आस्मान

नासेह[1] रक़ीब[2] से है बद-आमोज़-तर[3] कहीं
पर मैंने तेरा हाल सुनाया नहीं हनूज़

1 उपदेशक 2 रक़ीब, मा'शूक़ का अन्य आ'शिक़ 3 अधिक बुरी सलाह देने वाला

अबकी वफ़ूर-ए-इ'श्क़-ए-सनम[1] में है गुफ़्तुगू[2]
'मोमिन' वो लब प 'हाए ख़ुदाया'[3] नहीं हनूज़

1 मा'शूक़ की मोहब्बत का जोश 2 बात-चीत 3 या ख़ुदा

यूँ है शुआ-ए’-दाग़[1] मिरे दिल के आस-पास
हाल:[2] हो जिस तरह मह-ए-कामिल[3] के आस-पास

1 दाग़ की किरनें 2 रौशनी का घेरा 3 पूरा चाँद

डूबा जो कोई आह किनारे प आ गया
तुग़यान-ए-बह्र-ए-इ'श्क़[1] है साहिल[2] के आस-पास

1 इ'श्क़ के समुद्र का जोश 2 किनारा

ऐ क़ैस तेरे नाले[1] की ग़ैरत[2] को क्या हुआ
लैला ने ज़ंग[3] बाँधे हैं महमिल[4] के आस-पास

1 फ़रियाद 2 आत्म-सम्मान 3 घंटी 4 ऊँट पर बाँधा जाने वाला हौदा

मर जाएँ ता[1] ख़ुशी से अ’दू[2] सुन विसाल[2] की
यारो दुआ’ करो गले मिल-मिल के आस-पास

1 ताकि 2 रक़ीब 3 मिलन, मौत

क्या-क्या जली है बज़्म[1] में तुझसे न जब फिरे
पर्वाने शम्अ’-ए-शो’ला-शमाइल[2] के आस-पास

1 महफ़िल 2 शो’ले जैसी स्वभाव वाली शम्अ’

काफ़िर है कौन हम में से 'मोमिन' फिरे है तू
का’बे[1] के आस-पास तू मैं दिल के आस-पास

1 जहाँ हज किया जाता है

खा गया जी ग़म-ए-निहाँ[1] अफ़्सोस[2]
घुल गई ग़म के मारे जाँ अफ़्सोस

1 अन्दर का दुख 2 दुख प्रकट करने वाला शब्द

मेरे मरने से भी वो ख़ुश न हुआ
जी गया यूँही रायगाँ[1] अफ़्सोस

1 बेकार

शिक्वा[1] आज़ार-ए-ग़ैर[2] का जो करूँ
हँस के कहता है वो कि हाँ अफ़्सोस

1 शिकायत 2 रक़ीब के दिए हुए दुख

गुल-ए-दाग़-ए-जुनूँ[1] खिले भी न थे
आ गई बाग़ में ख़िज़ाँ[2] अफ़्सोस

1 जुनूँ के दाग़ के फूल 2 पतझड़

बेवफ़ाई हुई वफ़ा का सबब[1]
ग़ैर[2] से है वो बद-गुमाँ[3] अफ़्सोस

1 कारण 2 रक़ीब 3 बुरा सोचना

मौत भी हो गई है पर्दः-नशीं[1]
राज़ रहता नहीं निहाँ[2] अफ़्सोस

1 पर्दे में रहने वाली / वाला 2 छुपा हुआ

था अ'जब कोई आदमी 'मोमिन'
मर गया क्या ही नौजवाँ अफ़्सोस

❁

हाँ तू क्यों-कर[1] न करे तर्क-ए-बुताँ[2] ऐ वाइ'ज़[3]
ऐसी हूरें तिरी क़िस्मत में कहाँ ऐ वाइ'ज़

1 कैसे 2 मूर्तियों / मा'शूक़ों का छोड़ना 3 धर्म उपदेशक

मुन्तज़िर[1] ही किसी बुत का तू नहीं तो क्यों है
मज्लिस-ए-वा'ज़[2] में हर सू[3] निगराँ[4] ऐ वाइ'ज़

1 इन्तिज़ार करने वाला 2 धर्म उपदेश की सभा 3 ओर 4 देखना

अब ज़रा जाँ-देहि-ए-कू-ए-बुताँ[1] की बातें
हो चुका तज़्किरा-ए-बाग़-ए-जिनाँ[2] ऐ वाइ'ज़

1 मा'शूक़ों की गली में परिश्रम करना 2 स्वर्ग के बाग़ की बातें

हूर की मदह[1] में क्या तर्क-ए-सनम[2] का मज़्कूर[3]
यही बातें हैं मिरे दिल प गराँ[4] ऐ वाइ'ज़

1 प्रशंसा 2 मा'शूक़ को छोड़ना 3 चर्चा 4 भरी

जो मिलें तुझसे ब-सद-शौक़[1] वो क्या होंगी, न कर
बस मिरे सामने हूरों का बयाँ[2] ऐ वाइ'ज़

1 ख़ुशी-ख़ुशी 2 बयान

शर्म की बात नहीं है ये असर हो क्यों-कर
न मैं 'मोमिन'[1] हूँ न तू पीर-ए-मुग़ाँ[2] ऐ वाइ'ज़

1 मुसलमान 2 शराबख़ाने का मालिक

❀

मत कह शब-ए-विसाल[1] कि ठंडा न कर चराग़
ज़ालिम[2] जला है मेरी तरह उ'म्र भर चराग़
1 मिलन की रात 2 अत्याचारी / मा'शूक़

वो सोख़्तः-जिगर[1] हूँ कि पैमानः-ओ-सुबू[2]
बनते नहीं है ख़ाक[3] से मेरी मगर चराग़
1 दिल जला 2 शराब का प्याला और मटका 3 मिट्टी

हम-पेशः[1] के है सामने अ'र्ज़-ए-हुनर[2] ज़रूर
जलता है मेरे घर में ब-तर्ज़-ए-दिगर[3] चराग़
1 एक जैसा काम करने वाला 2 हुनर दिखाना 3 अलग अन्दाज़ से

ग़म-ख़ानः[1] तंग-ओ-तार[2] है और हम सियाह-रोज़[3]
जलते हैं या'नी चाहिए आठों पहर चराग़
1 दुखों वाला घर 2 तंग और अन्धेरा 3 अभागे

है शाम-ए-इन्तिज़ार[1] तमाशा-ए-सोख़्तन[2]
जलते हैं ता-ब-सुब्ह[3] इधर हम उधर चराग़
1 प्रतीक्षा की शाम 2 जलने का तमाशा 3 सुब्ह तक

'मोमिन' ये शाइ'रों का मिरे आगे रंग है
जूँ पेश-ए-आफ़ताब[1] हो बे-नूर[2]-तर चराग़
1 सूरज के सामने 2 अधिक प्रकाशहीन

❁

क़हर है मौत है क़ज़ा है इ'श्क़
सच तो ये है बुरी बला है इ'श्क़

आफ़त-ए-जाँ[1] है कोई पर्दः-नशीं[2]
कि मिरे दिल में आ छुपा है इ'श्क़

1 जान की मुसीबत 2 पर्दे में रहने वाली / वाला

बुल-हवस[1] और लाफ़-ए-जाँ-बाज़ी[2]
खेल ही क्या समझ लिया है इ'श्क़

1 वासनामय व्यक्ति 2 बहादुरी की डींग मारना

किस मलाहत-सरिश्त[1] को चाहा
तल्ख़-कामी[2] प बा-मज़ा है इ'श्क़

1 साँवले चेहरे वाला मा'शूक़ 2 जीवन की कड़वाहटें झेलना

हमको तर्जीह[1] तुम प है या'नी
दिल-रुबा-हुस्न[2]-ओ-जाँ-रुबा[3] है इ'श्क़

1 वरीयता 2 दिल छीनने वाला 3 जान लेने वाला

देखिए किस जगह डुबो देगा
मेरी कश्ती का ना-ख़ुदा[1] है इ'श्क़

1 मल्लाह

अब तो दिल, इ'श्क़ का मज़ा चक्खा
हम न कहते थे क्यों बुरा है इ'श्क़

क़ैस[1]-ओ-फ़र्हाद[2]-ओ-वामिक़[3]-ओ-'मोमिन'
मर गए सब ही क्या वबा[4] है इ'श्क़

1, 2, 3 प्रेम कहानियों के नायक 2 महामारी

❁

ठानी थी दिल में अब न मिलेंगे किसी से हम
पर क्या करें कि हो गए नाचार[1] जी से हम

1 मज्बूर

हँसते जो देखते हैं किसी को किसी से हम
मुंह देख-देख रोते हैं किस बे-कसी[1] से हम

1 असहाय होना

हमसे न बोलो तुम इसे क्या कहते हैं भला
इन्साफ़[1] कीजे पूछते हैं आप ही से हम

1 न्याय

उस कू[1] में जा मरेंगे मदद ऐ हुजूम-ए-शौक़[2]
आज और ज़ोर करते हैं बे-ताक़ती से हम

1 गली 2 बहुत अधिक चाहत

साहब[1] ने इस ग़ुलाम को आज़ाद कर दिया
लो बन्दगी[2] कि छूट गए बन्दगी से हम

1 मालिक, मोमिन की मा'शूक़ का उपनाम 2 ग़ुलामी, समर्पण, सलाम

क्या गुल[1] खिलेगा देखिए है फ़स्ल-ए-गुल[2] तो दूर
और सू-ए-दश्त[3] भागते हैं कुछ अभी से हम

1 गुल खिलनाः हंगामा होना, फूल खिलना 2 बहार का मौसम 3 वीराने की ओर

क्या दिल को ले गया कोई बे-गाना-आश्ना[1]
क्यों अपने जी को लगते हैं कुछ अजनबी से हम

1 जो किसी अजनबी / पराये का दोस्त हो

❀

दिल आग है और लगाएँगे हम
क्या जाने किसे जलाएँगे हम

ख़न्जर[1] तो न तोड़ सख़्त-जानी[2]
फिर किसको गले लगाएँगे हम

1 छुरा 2 मुश्किल से जान निकलना, कठिन परिश्रम करना

दुश्मन[1] के कहे से रूठता है
वो ही कहे तो मनाएँगे हम

1 रक़ीब, मा'शूक़ आ अन्य आ'शिक़

कुतरा है जो गोशः-ए-सर-ए-ख़त[1]
मत्लब है कि सर उड़ाएँगे हम

1 ख़त का ऊपरी किनारा

आईनः-ए-रंग[1] ग़म ने तोड़ा
क्यों-कर उसे मुंह दिखाएँगे हम

1 चेहरे का रंग

कह और ग़ज़ल ब-तर्ज़-ए-वासोख़्त[1]
'मोमिन' ये उसे सुनाएँगे हम

1 वासोख़्त (एक विधा जिसमें मा'शूक़ की बुराई की जाती है) के अन्दाज़ में

अब और से लौ लगाएँगे हम
जूँ शम्अ' तुझे जलाएँगे हम

बर्बाद न जाएगी कदूरत[1]
क्या-क्या तिरी ख़ाक[2] उड़ाएँगे हम

1 मलिनता, वैमनस्य 2 ख़ाक उड़ाना : तबाह / अपमानित करना

बिगड़े तो करेंगे और से सुल्ह[1]
तुझ पर भी बुरी[2] बनाएँगे हम

1 समझौता, दोस्ती, मिलाप 2 बुरी बनाना : मुसीबत लाना

लब[1] का तिरे दा'वः-ए-मसीही[2]
मर और प आज़्माएँगे हम

1 होंठ 2 मुर्दों को जिलाने का दा'वा

गर तेरी तरफ़ को बे-क़रारी[1]
खींचेगी तो लौट जाएँगे हम

1 बेचैनी

गर देख के हँस दिया हमें तू
मुंह फेर के मुस्कुराएँगे हम

क्या ज़िक्र[1] है होंठ चाटने का
कुछ और मज़ा चखाएँगे हम

1 बात, चर्चा

फिर तेरी हवा का दम भरा तो
जी ही को हवा बताएँगे हम

❃

सुर्मः हैं उस चश्म-ए-जादू-फ़न[1] में हम
ख़ाक[2] डालें दीदः-ए-दुश्मन[3] में हम

1 जादू का फ़न जानने वाली आँख 2 मिट्टी 3 रक़ीब की आँख

नातवाँ[1] थे पर न छोड़ा मिस्ल-ए-ख़ार[2]
ख़ुद उलझ कर रह गए दामन में हम

1 कमज़ोर 2 काँटें की तरह

ग़ैर[1] को झाँका तो ढेले आँख के
देखना रख देवेंगे रौज़न[2] में हम

1 रक़ीब 2 खिड़की

फूले जामे[1] में समाते ही नहीं
वस्ल-ए-शोख़-ए-चुस्त-पैराहन[2] में हम

1 लिबास 2 चुस्त लिबास पहनने वाले चंचल मा'शूक़ का मिलन

दिल में नासेह[1] आए क्या अपना ख़याल[2]
जा सके कब यार के मस्कन[3] में हम

1 उपदेशक 2 ध्यान 3 निवास, घर

जोश-ए-वहशत[1] ने उठाया लाश को
अपने पावों से गए मदफ़न[2] में हम

1 दीवानगी की अधिकता 2 क़ब्र

तोड़ना 'मोमिन' न पैमान-ए-अलस्त[1]
हैं मुसल्लम[2] आ'शिक़ी के फ़न में हम

1 वा'दा जो दुनिया बनते वक़्त किया गया था 2 संपूर्ण

❁

पाते थे चैन कब ग़म-ए-दूरी से घर में हम
राहत[1] वतन[2] की याद करें क्या सफ़र में हम

1 आराम 2 स्वदेश

इस तर्ह ख़ाक छानते फिरते न दश्त-दश्त[1]
होते जो पाएमाल[2] किसी रह-गुज़र[3] में हम

1 जंगल, वन, वीराना 2 रौंदा / कुचला जाना 3 रास्ता

लिखते हैं इक परी को कुछ आवारगी का हाल
बाँधेंगे नामः[1] ताइर-ए-मज्नूँ[2] के पर में हम

1 पत्र 2 वो परिन्दा जिसने मज्नूँ के सर में घोंसला बनाया था

थीं दश्त से ज़ियादातर[1] उस कू[2] में सख़्तियाँ[3]
क्या फोड़ें सर तसव्वुर-ए-दीवार-ओ-दर[4] में हम

1 और अधिक 2 गली 3 कष्ट 4 दीवार और दरवाज़े की कल्पना

है याद रत्ब-ओ-याबिस[1]-ए-तक़रीर-ए-नारोहाँ[2]
क्या बोलें शिक्वः-ए-सफ़र-ए-बह्र-ओ-बर[3] में हम

1 तर और गीला / बेकार चीज़ें 2 उपदेशकों की बातें 3 ज़मीन और समुन्दर के सफ़र की शिकायत

उस गुल[1] के ग़म में फूलते-फलते तो रश्क[2] से
क्यों जलते सायः-ए-शजर-ए-बार-वर[3] में हम

1 फूल 2 ईर्ष्या 3 फलदार पेड़ की छाया

वस्ल-ए-बुताँ[1] के दिन तो नहीं ये कि हो वबाल[2]
'मोमिन' नमाज़ क़स्र[3] करें क्यों सफ़र में हम

1 मा'शूक़ों का मिलन 2 मुसीबत, बोझ 3 नमाज़ में कमी करना

❀

आ चुके कल तुम झूट है ऐसी बातों में हम कब आते हैं
उससे कहो जो तुमको न जाने आप किसे फ़र्माते[1] हैं
1 कहना

फिरते हैं सौ सौ वस्वसे[1] जी में दिल में सौदे[2] आते हैं
कोठे पर वो धूप में अपने बाल खड़े सुखलाते हैं
1 आशंकाएँ 2 पागलपन

आब-ओ-हवा-ए-मुल्क-ए-मोहब्बत[1] रास[2] नहीं है हमको तो
होते हैं लाग़र[3] और ज़ियादा जितना हम ग़म खाते हैं
1 प्रेम-देश का वातावरण 2 अनुकूल होना, पसन्द आना 3 कमज़ोर

किसकी ख़बर अब आने की है किसलिए है ये बेताबी
किसलिए हम हैं हर दम फिरते आते हैं और जाते हैं

ख़त्त-ए-ग़ुलामी[1] लिख दे ग़ैरत[2] तो भी गिल:[3] क्या लिखिए अब
छेड़ तो देखो मेरा ख़त वो ग़ैरों[4] से पढ़वाते हैं
1 दासता-पत्र 2 स्वाभिमान 3 शिकायत 4 रक़ीबों

होश गए याँ[1] दिल से पहले होवे समझ तो समझें बात
ये तो समझिए हज़रत-ए-नासेह[2] आप किसे समझाते हैं
1 यहाँ 2 उपदेशक महोदय

क्या कहें तुमसे ऐ हमदर्दो[1] पूछो मत मुर्ग़ान-ए-चमन[2]
क्योंकर[3] याँ अय्याम-ए-ख़िज़ाँ[4] और हिज्र[5] के दिन कट जाते हैं
1 सहानुभूति रखने वाले 2 बाग़ के परिन्दे 3 कैसे 4 पतझड़ के दिन 5 विरह

कुन्ज-ए-क़फ़स[1] में बैठ के गाहे[2] रोते हैं तन्हाई[3] पर
याद-ए-सैर-ए-मौसम-ए-गुल[4] से गाहे जी बहलाते हैं
1 पिंजरे का कोना 2 कभी 3 अकेलापन 4 बहार के मौसम में सैर की याद

शाम से अपने सो रहे वो तो और हम उनके कूचे[1] में
वलवलःहा-ए-शौक़[2] से क्या क्या फिरते हैं घबराते हैं
1 गली 2 चाहत का जोश

करते हैं आवाज़-ए-ज़फ़ीरी[1] देते हैं दस्तक[2] सौ सौ बार
घर मे पत्थर फेंकते हैं ज़न्जीर-ए-दर[3] खटकते हैं
1 सीटी जैसी आवाज़ 2 दरवाज़ा खटखटाना 3 दरवाज़े की ज़न्जीर

क्या किसी बुत[1] के दिल में जगह की कोई ठिकाना और मिला
हज़रत[2]-ए-'मोमिन' अब तुम्हें कुछ हम मस्जिद में कम पाते हैं
1 मूर्ति / मा'शूक़ 2 श्रीमान

❀

इ'श्क़ ने ये किया ख़राब हमें
कि है अपने से इज्तिनाब[1] हमें

1 नफ़रत, उपेक्षा

बस कि पर्दः-नशीं[1] प मरते हैं
मौत से आए है हिजाब[2] हमें

1 पर्दे में रहने वाली / वाला 2 शर्म

कैसी हैरत से ऐ सुबुक-रूही[1]
देखे है दीदः-ए-हबाब[2] हमें

1 जान निकलने की आसानी, निस्पृहता, निवृत्ति 2 बुलबुले की आँख

वो जफ़ा-कश[1] हैं ऐ फ़लक[2] कि किया
उस सितम-गर[3] ने इन्तिख़ाब[4] हमें

1 दुख / अत्याचार सहने वाला 2 आस्मान 3 अत्याचारी मा'शूक़ 4 चयन

अब कोई क्या करे इ'लाज अफ़्सोस
मौत ने भी दिया जवाब हमें

ऐ तप-ए-हिज्र[1] देख 'मोमिन'[2] हैं
है हराम[3] आग का अ'ज़ाब[4] हमें

1 जुदाई की आग 2 मुसलमान 3 निषेध 4 आग का अ'ज़ाब : नर्क की आग में जलने की यातना

जेब-ए-दुरुस्त[1] लाइक-ए-लुत्फ़-ओ-करम[2] नहीं
नासेह[3] की दोस्ती भी अ'दावत[4] से कम नहीं

1 ठीक-ठाक लिबास 2 प्रेम और कृपा के योग्य 3 उपदेशक 4 दुश्मनी

मन्ज़ूर[1] हो तो वस्ल[2] से बेहतर सितम[3] नहीं
इतना रहा हूँ दूर कि हिज्राँ[4] का ग़म नहीं

1 स्वीकार 2 मिलन 3 अत्याचार 4 बिछड़ना

क्या ख़ुश हूँ कू-ए-ग़ैर[1] में गर नक़्श-ए-पा[2] न हो
वो शोख़[3] जानता हूँ कि साबित-क़दम[4] नहीं

1 रक़ीब की गली 2 पदचिन्ह 3 चंचल / मा'शूक़ 4 पक्के इरादे वाला

जाना हराम[1] हिज्र-ए-बुताँ[2] में तो क्या गुनाह[3]
पीर-ए-मुग़ाँ[4] शराब है शीशे में सम[5] नहीं

1 वर्जित 2 मा'शूक़ों की जुदाई 3 पाप 4 ऐ शराबख़ाने के मालिक 5 ज़हर

मा'लूम[1] हो तो तेरे ही आ'लम[2] का हाल हो
मेरा दिल-ए-दो-नीम[3] है ये जाम-ए-जम[4] नहीं

1 ज्ञात 2 संसार, अवस्था 3 दो टुकड़े दिल 4 जमशेद का प्याला जिसमें सारी दुनिया दिखाई देती थी

आ'शिक़-कुशी[1] है शेवः[2] अगर बुल-हवस[3] सही
आख़िर कुछ अपनी जान के दुश्मन तो हम नहीं

1 आ'शिक़ों की हत्या 2 चलन 3 भोगी-विलासी व्यक्ति

'मोमिन' सु-ए-हरम[1] है तगापू-ए-फ़िक्र[2] क्यों
क्या इस ज़मीं में क़ाफ़ियः बैतुस-सनम[3] नहीं

1 का'बे (मस्जिद) की तरफ़ 2 बौद्धिक प्रयत्न 3 मंदिर, मूर्तिगृह

❁

दिन भी दराज़[1] रात भी क्यों है फ़िराक़-ए-यार[2] में
काहे से फ़र्क़[3] आ गया गर्दिश-ए-रोज़गार[4] में

1 लम्बा / लम्बी 2 मा'शूक़ की जुदाई 3 अंतर 4 समय-चक्र

ख़ाक[1] में वो तपिश[2] नहीं ख़ार[3] में वो ख़लिश[4] नहीं
क्यों न हमें ज़ियादा हो जोश-ए-जुनूँ बहार में

1 मिट्टी 2 जलन 3 काँटा 4 खटक

मर्ग[1] है इन्तिहा-ए-इ'श्क़[2] याँ रही इब्तिदा-ए-शौक़[3]
ज़िन्दगी अपनी हो गई रन्जिश-ए-बार-बार[4] में

1 मौत 2 इ'श्क़ की चरम सीमा 3 इ'श्क़ का आरंभ 4 बार बार की लड़ाई, मनमुटाव

ख़ाक उड़ाई[1] गुल[2] ने ये किसके जुनून-ए-इ'श्क़[3] में
आए है कुछ अटी हुई बाद-ए-सबा[4] ग़ुबार[5] में

1 ख़ाक उड़ानाः बर्बाद होना, आवारा फिरना 2 फूल 3 इ'श्क़ की दीवानगी 4 अच्छी हवा 5 धूल

ध्यान में 'मोमिन' आ गई मब्हस[1]-ए-जब्र-ओ-इख़्तियार[2]
क़ाबू-ए-यार में हैं हम वो नहीं इख़्तियार[3] में

1 बहस 2 मजबूरी और अधिकार संपन्न होना 3 क़ाबू, नियंत्रण

❁

नाल:[1] ही निकले है गो[2] हम मुद्दआ'[3] कहने को हैं
लब[4] नहीं कहने में अब क्या जाने क्या कहने को हैं

1 रोने की आवाज़ 2 यद्यपि 3 दिल की बात 4 होंठ

दोस्त करते हैं मलामत[1] ग़ैर[2] करते हैं गिला[3]
क्या क़यामत[4] है मुझी को सब बुरा कहने को हैं

1 भर्त्सना, बुरा भला कहना 2 रक़ीब / मा'शूक़ के अन्य आ'शिक़, पराए लोग 3 शिकायत 4 मुसीबत

तर्जुमान-ए-इल्तिमास-ए-शौक़[1] है तग़ईर-ए-रंग[2]
जूँ ज़बान-ए-शम्अ' आ'शिक़ बे-सदा[3] कहने को हैं

1 प्रेम-निवेदन का व्याख्याकार 2 रंग परिवर्तन 3 आवाज़ के बिना

देखना किस हाल से किस हाल को पहुँचा दिया
बख़्त[1] तेरे आ'शिक़ों के ना-रसा[2] कहने को हैं

1 भाग्य 2 कहीं न पहुँचने वाला

शिक्व:[1] हर्फ़-ए-तल्ख़[2] का या शोर-बख़्ती[3] का गिला[4]
हम जो कुछ कहने को हैं सो बे-मज़ा कहने हैं

1, 4 शिकायत 2 कड़वी बात की शिकायत 3 दुर्भाग्य

मैं गिला करता हूँ अपना तू न सुन ग़ैरों की बात
हैं यही कहने को वो भी और क्या कहने को हैं

हो गए नाम-ए-बुताँ[1] सुनते ही 'मोमिन' बेक़रार
हम न कहते थे कि हज़रत[2] पारसा[3] कहने को हैं

1 मूर्तियों / मा'शूक़ों का नाम 2 महोदय 3 पाक-साफ़ चरित्र वाला

❀

हिज्राँ[1] में भी ज़ीस्त[2] क्यों न चाहूँ
जाँ-दादः-ए-शोख़-ए-बेवफ़ा[3] हूँ

1 विरह 2 ज़िन्दगी 3 बेवफ़ा चंचल मा'शूक़ का आ'शिक़

हैं ग़ैर[1] मिरे निकलने से ख़ुश
गोया[2] कि मैं उनका मुद्दआ'[3] हूँ

1 रक़ीब 2 जैसे 3 मत्लब, मक़्सद

रब्त[1] उससे है मिस्ल-ए-शो'लः-ओ-शम्अ'[2]
मर जाऊँ गर एक दम जुदा हूँ

1 संबंध 2 शम्अ' और शो'ले की तरह

क्योंकर[1] न बिगड़ के वो निकालें
मैं दिल के ग़ुबार[2] से बना हूँ

1 कैसे 2 धूल, गर्द

ख़ुद-बीनी[1]-ओ-बे-ख़ुदी[2] में है फ़र्क़[3]
मैं तुमसे ज़ियादा कम-नुमा[4] हूँ

1 ख़ुद को देखना, अभिमान 2 आत्म-विस्मृति 3 अंतर 4 कम नज़र आने वाला

बे-ज़ार[1] है सोज़-ए-इ'श्क़[2] से जी
किस शो'लः-मिज़ाज[3] से ख़फ़ा[4] हूँ

1 विमुख, ऊबा होना 2 इ'श्क़ की जलन 3 गर्म स्वभाव वाला 4 नाराज़

मुझ रम्ज़-शनास[1] से ये बातें
क्या ख़ूब मैं ग़ैर से बुरा हूँ

1 रहस्यों को जानने वाला

उस नाम के सदक़े[1] जिसकी दौलत[2]
'मोमिन'[3] रहूँ और बुतों[4] को चाहूँ

1 न्योछावर 2 कारण से 3 मुसलसल 4 मूर्तियों / मा'शूक़ों

आह-ए-फ़लक[1]-फ़िगन तिरे ग़म से कहाँ नहीं
जो फ़ित्नः-ख़ेज़[2] अब है ज़मीं आस्माँ नहीं

1 आस्मान को गिराने वाली आह 2 मुसीबत / तबाही लाने वाला / वाली

डरता हूँ आस्मान से बिजली न गिर पड़े
सय्याद[1] की निगाह सु-ए-आशियाँ[2] नहीं

1 शिकारी 2 घोंसले / घर की ओर

इज़्हार[1]-ए-दोस्ती की ख़ुशी क्या शब-ए-विसाल[2]
दुश्मन[3] से सुन चुका हूँ कि तू मेहरबाँ[4] नहीं

1 प्रकट करना 2 मिलन की रात 3 रक़ीब 3 कृपाशील

बातें तिरी वो होश-रुबा[1] हैं कि क्या कहूँ
जो कोई राज़दाँ[2] है मिरा राज़दाँ नहीं

1 होश उड़ाने वाली 2 राज़ जानने वाला

लग जाए शायद आँख कोई दम शब-ए-फ़िराक़[1]
नासेह[2] ही को ले आओ गर अफ़्सानः-ख़्वाँ[3] नहीं

1 जुदाई की रात 2 उपदेशक 3 कहानी सुनाने वाला

इतने सुबुक[1] नज़र में हैं औज़ा-ए'-रोज़गार[2]
दुनिया की हस्रतें[3] मिरे दल पर गराँ[4] नहीं

1 हल्के, तुच्छ 2 दुनिया के काम 3 कामनाएँ 4 भारी

उस बुत[1] की इब्तिदा[2]-ए-जवानी मुराद[3] है
'मोमिन' कुछ और फ़ित्नः-ए-आख़िर-ज़माँ[4] नहीं

1 मा'शूक़ 2 आरंभ 3 मत्लब 4 समय का अंत करने वाला उपद्रव

जलता हूँ हिज्र-ए-शाहिद[1]-ओ-याद-ए-शराब में
शौक़-ए-सवाब[2] ने मुझे डाला अ'ज़ाब[3] में

1 मा'शूक़ की जुदाई 2 पुण्य कमाने की चाहत 3 यातना

फैली शमीम-ए-यार[1] मिरे अश्क-ए-सुर्ख़[2] से
दिल को ग़ज़ब फ़िशार[3] हुआ पेच-ओ-ताब[4] में

1 मा'शूक़ की ख़ुश्बू 2 लाल आँसू 3 भींचा जाना 4 बेचैनी, बल खाना, क्रोध

हम कुछ तो बद[1] थे जब न किया यार ने पसन्द
ऐ हस्रत[2] इस क़दर[3] ग़लती इन्तिख़ाब[4] में

1 बुरे / बुरा 2 कामना,चाहत 3 अधिक 4 चयन

रहते हैं जम्अ'[1] कूचः-ए-जानाँ[2] में ख़ास-ओ-आ'म[3]
आबाद एक घर है जहान-ए-ख़राब[4] में

1 इकट्ठा 2 मा'शूक़ की गली 3 विशेष और साधारण लोग 4 बुरी दुनिया

आँख उसकी फिर गई थी दिल अपना भी फिर गया
ये और इन्क़िलाब[1] हुआ इन्क़िलाब में

1 बदलाव, क्रांति

दोनों का एक हाल है ये मुद्दआ'[1] हो काश
वो ही ख़त[2] उसने भेज दिया क्यों जवाब में

1 मत्लब 2 पत्र

पैहम[1] सुजूद[2] पा-ए-सनम[3] पर दम-ए-विदाअ'[4]
'मोमिन' ख़ुदा को भूल गए इज़्तिराब[5] में

1 लगातार 2 सज्दे : सर झुकाना 3 मा'शूक़ के पाँव 4 बिछड़ते समय 5 बेचैनी

❁

ख़ार[1] बिस्तर प शब-ए-हिज्र[2] बिछाऊँ क्यों कर
दिल में तो है वो गुल-अन्दाम[3] अगर बर[4] में नहीं

1 काँटे 2 जुदाई की रात 3 फूल-जैसा सुंदर मा'शूक़ 4 आलिंगन

सर पटकता हूँ कि बस हम भी न हों घर भी न हो
ध्यान जिस वक़्त ये आता है कि वो घर में नहीं

मुझसे मय-कश[1] की तरफ़ मुहतसिब[2] आता है तो आए
एक क़त्रा[3] भी सुबू[4]-ओ-ख़ुम[5]-ओ-साग़र[6] में नहीं

1 शराब पीने वाला 2 धर्म अधिकारी 3 बूँद 4,5 शराब का मटका 6 शराब का प्याला

दे दिया कीजिए बोसा[1] तलब-ए-अव्वल[2] पर
सच कहा तुमने मज़ा हर्फ़-ए-मुक़र्रर[3] में नहीं

1 चुंबन 2 पहला अनुरोध 3 दो बार कहा गया शब्द

क्या मुअस्सिर[1] हो दुआ' वस्ल-ए-सनम[2] की 'मोमिन'
हम तलब[3] करते हैं वो शय[4] जो मुक़द्दर में नहीं

1 असर करने वाला / वाली 2 मा'शूक़ का मिलन 3 माँगना 4 चीज़

❋

आँखों से हया[1] टपके है अन्दाज़ तो देखो
है बुल-हवसों[2] पर भी सितम[3] नाज़[4] तो देखो

1 शर्म 2 भोगी-विलासी व्यक्ति 3 अत्याचार 4 अदा, अभिमान

उस बुत के लिए मैं हवस-ए-हूर[1] से गुज़रा
इस इ'श्क़-ए-ख़ुश-अन्जाम[2] का आग़ाज़[3] तो देखो

1 हूर की कामना 2 अच्छे अंत वाला इ'श्क़ 3 आरंभ

चश्मक[1] मिरी वहशत प है क्या हज़रत-ए-नासेह[2]
तर्ज़-ए-निगह-ए-चश्म-ए-फ़ुसूँ-साज़[3] तो देखो

1 आँखों का इशारा, दुश्मनी 2 उपदेशक महोदय 3 जादू करने वाली आँख के देखने का अन्दाज़

अर्बाब-ए-हवस[1] हार के भी जान प खेले
कम-तालेई'-ए-आ'शिक़-ए-जाँ-बाज़[2] तो देखो

1 वासनामय लोग 2 बहादुर आ'शिक़ का दुर्भाग्य

मज्लिस[1] में मिरे ज़िक्र[2] के आते ही उठे वो
बद-नामि-ए-उ'श्शाक़[3] का ए'ज़ाज़[4] तो देखो

1 सभा 2 चर्चा 3 आ'शिक़ों की बदनामी 4 मान-सम्मान

उस ग़ैरत-ए-नाहीद[1] की हर तान है दीपक
शो'ला सा चमक जाए है आवाज़ तो देखो

1मा'शूक़ जिससे शुक्र ग्रह को ईर्ष्या हो

जन्नत में भी 'मोमिन' न मिला हाए बुतों से
जौर[1]-ए-अजल[2]-ए-तफ़्रक़ा-पर्दाज़[3] तो देखो

1 अत्याचार 2 मौत 3 फूट डालने वाली

❁

ये क़ुदरत[1] ज़ो'फ़[2] में भी है फ़ुग़ाँ[3] को
कि दे पटके ज़मीं पर आस्माँ को

1 शक्ति 2 कमज़ोरी 3 फ़रियाद, रूदन

वफ़ा सिखला रहेगा दिल हमारा
तुम्हारी ख़ातिर-ए-ना-मेहरबाँ[1] को

1 कृपा न करने वाला दिल

पड़ी है उस गली में लाश-ए-दुश्मन[1]
उठाऊँ क्यों-कर[2] उस बार-ए-गराँ[3] को

1 रक़ीब की लाश 2 कैसे 3 भारी बोझ

पसीने की जगह आने लगा ख़ूँ
छुपाऊँ किस तरह ज़ख़्म-ए-निहाँ[1] को

1 छुपा हुआ ज़ख़्म

नहीं आता वो लैला-वश[1] सिखा दे
कोई मज्नूँ का क़िस्सा[2] सारबाँ[3] को

1 लैला जैसा मा'शूक़ 2 कहानी 3 ऊँट चलाने वाला

सुन ऐ 'मोमिन' ये ईमाँ[1] है हमारा
न कहना कुफ़्र फिर इ'श्क़-ए-बुताँ[2] को

1 ईमान 2 मूर्तियों / मा'शूक़ों का इ'श्क़

वो जो हम में तुम में क़रार[1] था तुम्हें याद हो कि न याद हो
वही या'नी वा'दा निबाह का तुम्हें याद हो कि न याद हो

1 प्रण, अनुबंध

वो जो लुत्फ़[1] मुझ प थे पेश्तर[2] वो करम[3] कि था मिरे हाल पर
मुझे सब है याद ज़रा-ज़रा तुम्हें याद हो कि न याद हो

1 प्रेम, स्नेह 2 पहले 3 कृपा

वो नए गिले[1] वो शिकायतें वो मज़े-मज़े की हिकायतें[2]
वो हर एक बात प रूठना तुम्हें याद हो कि न याद हो

1 शिकायतें 2 कहानियाँ

कभी बैठे देखा जो रू-ब-रू[1] तो इशारतों[2] से ही गुफ़्तुगू[3]
वो बयान शौक़[4] का बरमला[5] तुम्हें याद हो कि न याद हो

1 सामने 2 इशारों 3 बात-चीत 4 चाहत 5 सबके सामने

सुनो ज़िक्र[1] है कई साल का कि किया इक आप ने वा'दा था
सो निबाहने का तो ज़िक्र क्या तुम्हें याद हो कि न याद हो

1 चर्चा, बात

वो बिगड़ना वस्ल[1] की रात का वो न मानना किसी बात का
वो नहीं-नहीं की हर आँ[2] अदा तुम्हें याद हो कि न याद हो

1 मिलन 2 पल

जिसे आप गिनते थे आश्ना[1] जिसे आप कहते थे बा-वफ़ा
मैं वही हूँ 'मोमिन'-ए-मुब्तला[2] तुम्हें याद हो कि न याद हो

1 दोस्त, परिचित 2 प्रेम-ग्रस्त

❁

आए हो जब बढ़ा कर दिल की जलन गए हो
जूँ सोज़-ए-दिल[1] कहा है तुम आग बन गए हो

1 दिल की जलन का हाल

रूठे सो रूठे हमसे मिलते नहीं हो क्यों-कर
ग़ैरों[1] से जब लड़े हो लड़ते ही मन गए हो

1 रक़ीबों, मा'शूक़ के अन्य आ'शिक़

बाक़ी नहीं कदूरत[1] शौक़-ए-सितम[2] की हर्गिज़[3]
क्या ऐ दिल-ओ-जिगर तुम तीरों से छन गए हो

1 दिल का मैल 2 अत्याचार की चाहत 3 कदापि

बाद-ए-बहार[1] में है कुछ और इ'त्र-रेज़ी[2]
तुम आजकल में शायद सू-ए-चमन[3] गए हो

1 बहार की हवा 2 सुगंध बिखेरना 3 बाग़ की ओर

क्या हाल है अ'दम[1] का कहला तो भेजियो तुम
ऐ ख़ूगरान-ए-ग़ुर्बत[2] सु-ए-वतन[3] गए हो

1 परलोक 2 परदेस को पसन्द करने वाले 3 स्वदेश की ओर

है कुछ तो बात 'मोमिन' जो छा गई ख़मोशी
किस बुत[1] को दे दिया दिल क्यों बुत से बन गए हो

1 मूर्ति / मा'शूक़

❁

ए'जाज़-ए-जाँ-दही[1] है हमारे कलाम[2] को
ज़िन्दा किया है हमने मसीहा[3] के नाम को

1 मुर्दों में जान डालने का चमत्कार 2 बात, शाइ'री 3 ईसा जो मुर्दों को जिला देते थे

आता है बह्‌र-ए-क़त्ल वो दूर, ऐ हुजूम-ए-यास[1]
घबरा न जाए देख कहीं इज़्दिहाम[2] को

1 निराशाओं की भीड 2 भीड़

गिर्ये[1] प मेरे ज़िन्दा-दिलो[2] हँसते क्या हो आह
रोता हूँ अपने मैं दिल-ए-जन्नत-मक़ाम[3] को

1 रोना 2 प्रसन्नचित्र लोग, वो जिनका दिल जिन्दा है 3 स्वर्ग में रहने वाला दिल

सुन-सुन के ना-दुरुस्त[1] तिरी ख़ू[2] बिगाड़ दी
हमने ख़राब आप किया अपने काम को

1 ग़लत बातें 2 स्वभाव, आ'दत

शायद कि दिन फिरे हैं किसी तीरः-रोज़[1] के
अब ग़ैर[2] उस गली में नहीं फिरते शाम को

1 अभागा व्यक्ति जिसकी दुनिया अन्धेरी हो 2 रक़ीब

मुद्दत[1] से नाम सुनते थे 'मोमिन' का बारे[2] आज
देखा भी हमने उस शोअ'रा[3] के इमाम[4] को

1 बहुत दिन 2 लेकिन, अंततः 3 शाइ'रों 4 जो सबसे आगे हो

❁

हम समझते हैं आज़्माने को
उ'ज़्र[1] कुछ चाहिए सताने को

1 बहाना

संग-ए-दर[1] से तिरे निकाली आग
हमने दुश्मन[2] का घर जलाने को

1 चौखट का पत्थर 2 रक़ीब, मा'शूक़ का अन्य आ'शिक़

बर्क़[1] का आस्मान पर है दिमाग़
फूँक कर मेरे आश्याने[2] को

1 बिजली 2 घर, निवास

संग-ए-सौदा[1] जुनूँ में लेते हैं
अपना हम मक़्बरा[2] बनाने को

1 काला पत्थर 2 क़ब्र पर बना स्मारक

रोज़-ए-महशर[1] भी होश गर आया
जाएँगे हम शराब-ख़ाने को

1 प्रलय का दिन

चल के का'बे में सज्दा कर 'मोमिन'
छोड़ उस बुत के आस्ताने[1] को

1 चौखट

नक़्श-ए-पा-ए-रक़ीब[1] की महराब
नहीं ज़ेबिन्दा[2] सर झुकाने को

1 रक़ीब क पद-चिन्ह 2 अच्छा लगने वाला / वाली, योग्य

देखें ग़म-ए-दरून:[1] प कब तक नज़र न हो
मेरा शिगाफ़-ए-सीन:[2] तिरा चाक-ए-दर[3] न हो

1 अन्दर का दुख 2 सीने की दरार 3 दरवाज़े की दरार

ऐसे से क़द्र-ए-मेह्र-ओ-वफ़ा[1] की उमीद क्या
जिसको हनूज़[2] अपने सितम की ख़बर न हो

1 प्रेम और सच्चाई की क़ीमत समझना 2 अभी तक 3 अत्याचार

हूँ ख़ानुमाँ-ख़राब[1] सितम से ज़ियादातर[2]
ऐसा न हो कि अब भी तिरे दिल में घर न हो

1 जिसका घर बर्बाद हो गया हो 2 पहले से अधिक

आ'बिद-फ़रेब[1]-शोख़ी[1]-ओ-रग़बत-फ़िज़ा-निगाह[2]
मैं क्या किसी से सब्र[3] तुझे देख कर न हो

1 इबादत करने वालों को धोखा देने वाली चंचलता 2 आकर्षण पढ़ाने वाली नज़र 3 धैर्य

सौदा[1] है मुझको गर्मि-ए-बाज़ार-ए-इ'श्क़[2] का
इसका कहाँ ख़याल[3] कि अपना ज़रर[4] न हो

1 दीवानगी, सामान 2 इ'श्क़ की बाज़ार की चहल-पहल 3 ध्यान 4 नुक़्सान

पामाल[1] कीजे शौक़ से पर बज़्म-ए-ख़ास[2] में
इतना तो हो कि ख़ाक[3] मिरी दर-बदर[4] न हो

1 पैरों तले रौंदना 2 विशेष सभा 3 मिट्टी 4 जगह जगह फिरना

'मोमिन' हुआ रक़ीब[1] हज़र[2] ऐ सनम-परस्त[3]
ऐसे से डरिए जिसको ख़ुदा का भी डर न हो

1 दुश्मन, प्रतिद्वंदी 2 डरो 3 मूर्ति-पूजक

ख़ाली हवा-ए-फ़ित्न:[1] से गाहे[2] जहाँ[3] न हो
इस दम क़यामत आए अगर आस्माँ न हो

1 उपद्रव / तबाही लाने वाली हवा 2 कहीं भी 3 संसार

ए'जाज़[1] से ज़ियादा है सेह्र[2] उनके नाज़[3] का
आँखें वो कह रही हैं जो लब[4] से बयाँ[5] न हो

1 चमत्कार 2 जादू 3 अदाएँ, अभिमान 4 होंठ 5 बयान

यूँ तो बहुत से दिल के ख़रीदार हैं वले[1]
जो है सो बद-मुआ'मला[2] क्यों कर ज़ियाँ[3] न हो

1 मगर 2 जो लेन-देन में साफ़ न हो 3 नुक़्सान

लिखता हूँ उसको बस्तगि-ए-दिल[1] का माज्रा[2]
आँसू रवाँ[3] न हो तो सियाही रवाँ न हो

1 दिल का लगाव 2 कहानी, हाल 3 बहता हुआ, गतिशील

तर[1] कर दिया है अब्र-ए-बहारी[2] ने इस क़दर
बिजली गिरे तो गर्म मिरा आश्याँ[3] न हो

1 भिगोना 2 बहार लाने वाला बादल

इस शर्त पर जो लीजे तो हाज़िर है दिल अभी
रन्जिश[1] न हो फ़रेब[2] न हो इम्तिहाँ[3] न हो

1 दुश्मनी 2 धोखा 3 परीक्षा

'मोमिन' बहिश्त[1]-ओ-इ'श्क़-ए-हक़ीक़ी[2] तुम्हें नसीब[3]
हमको तो रन्ज[4] हो जो ग़म-ए-जाविदाँ[5] न हो

1 स्वर्ग 2 ईश्वर-प्रेम 3 प्राप्त हो 4 दुख 5 अंतहीन दुख

❁

ऐसे से क्या दुरुस्ती-ए-पैमान-ए-बस्तः[1] हो
जो क़ौल[2] दे तो रंग हिना[3] का शिकस्तः[4] हो

1किए हुए वा'दे का निभाना 2 प्रण 3 मेंहदी 4 टूटना (रंग टूटना : रंग उड़ना)

दम ही उलट गया जो सुना है तिरा मरीज़
क्या हज़रत-ए-मसीह[1] से दर्मान-ए-ख़स्तः[2] हो

1 मसीह महोदय, जो मुर्दों को ज़िन्दा कर देते थे 2 बदहाल व्यक्ति का इलाज

पर्वानः-वार[1] गर्म-ए-तपिश[2] हैं क़लक़[3] से हम
तुम शोख़ियों[4] से शो'लः-ए-बेताब-ए-जस्तः[5] हो

1 पर्वाने की तरह 2 जलते हुए घूमना 3 दुख 4 चंचलता 5 शो'ला जो बेचैन हो कर भड़क उठे

मम्नून[1]-ए-जोश-ए-गिर्यः-ए-शादी[2] हों चश्म-ए-तर[3]
सुब्ह-ए-शब-ए-विसाल[4] का गर बन्द रस्तः हो

1 आभारी 2 ख़ुशी में आने वाले बहुत जियादा आँसू 3 भीगी हुई आँखें 4 मिलन की रात की सुब्ह

कब जान दे है बिस्मिल-ए-अब्रू[1] न जब तलक
ख़न्जर का तेरे शाख़-ए-ग़ज़ालाँ[2] का दस्तः[3] हो

1 भँवों का ज़ख़्मी 2 हिरन की सींग 3 मूठ

शायद कभी वो मैकश-ए-बद-मस्त[1] मुंह लगाए
ख़ाक[2] अपनी काश दुर्द-ए-तह-ए-ख़ुम-निशस्तः[3] हो

1 बहुत अधिक शराब पीने वाला 2 मिट्टी 3 सुराही की तह में तलछट की तरह बैठी हुई

'मोमिन' न तोड़ रिश्तः-ए-ज़ुन्नार-ओ-बरहमन[1]
मत कर वो बात जिससे कोई दिल शिकस्तः[2] हो

1 बरहमन और उसके जनेऊ का रिश्ता 2 टूटना

चल परे हट मुझे न दिखला मुंह
ऐ शब-ए-हिज्र[1] तेरा काला मुंह

1 विरह की रात

शब-ए-ग़म[1] का बयान क्या कीजिए
है बड़ी बात और छोटा मुंह

1 दुख की रात

जब कहा यार से दिखा सूरत
हँस के बोला कि देखो अपना मुंह

फिर गई आँख मिस्ल-ए-क़िब्लः-नुमा[1]
जिस तरफ़ उस सनम[2] ने फेरा मुंह

1 का'बे की दिशा बताने वाले यंत्र की तरह 2 मूर्ति / मा'शूक़

घर में बैठे थे कुछ उदास से वो
बोले बस देखते ही मेरा मुंह

हम भी ग़मगीन[1] से हैं आज कहीं
सुब्ह उट्ठे थे देख तेरा मुंह

1 दुखी

संग-ए-अस्वद[1] नहीं है चश्म-ए-बुताँ[2]
बोसः[3] 'मोमिन' तलब करे क्या मुंह

1 का'बे में लगा हुआ काला पत्थर 2 मूर्तियों / मा'शूक़ों की आँख 3 चुंबन

दिल-बस्तगी[1] सी है किसी ज़ुल्फ़-ए-दोता[2] के साथ
पाला पड़ा है हमको ख़ुदा किस बला[3] के साथ

1 दिल लगा होना 2 दो चोटियों वाले बाल 3 मुसीबत

याद-ए-हवा-ए-यार ने क्या-क्या न गुल[1] खिलाए
आई चमन से निक्हत-ए-गुल[2] जब सबा[3] के साथ

1 गुल खिलाए : हंगामा करना 2 फूल की ख़ुश्बू 3 अच्छी हवा

माँगा करेंगे अब से दुआ' हिज्र-ए-यार[1] की
आख़िर तो दुश्मनी है असर को दुआ' के साथ

1 मा'शूक़ की जुदाई

है किसका इन्तिज़ार कि ख़्वाब-ए-अ'दम[1] से भी
हर बार चौंक पड़ते हैं आवाज़-ए-पा[2] के साथ

1 मौत की नींद 2 पदचाप

दस्त-ए-जुनूँ[1] ने मेरा गरेबाँ समझ लिया
उलझा है उनसे शोख़[2] के बन्द-ए-क़बा[3] के साथ

1 जुनून का हाथ 2 चंचल मा'शूक़ 3 लिबास की डोरी

मैं कीने[1] से भी ख़ुश हूँ कि सब ये तो कहते हैं
उस फ़ित्नागर[2] को लाग[3] है इस मुब्तला[4] के साथ

1 दिल में रखी जाने वाली दुश्मनी 2 मुसीबतें लाने वाला मा'शूक़ 3 दुश्मनी 4 प्रेम-ग्रस्त व्यक्ति

'मोमिन' वही ग़ज़ल पढ़ो शब[1] जिससे बज़्म[2] में
आती थी लब[3] प जान ज़ह-ओ-हब्बज़ा[4] के साथ

1 रात 2 महफ़िल, सभा 3 होंठ 4 शाबाश-शाबाश की आवाज़

उल्टे वो शिक्वे[1] करते हैं और किस अदा के साथ
बे-ताक़ती[2] के ता'ने[3] हैं उ'ज़्र-ए-जफ़ा[4] के साथ

1 शिकायतें 2 कमज़ोरी 3 कटाक्ष 4 अत्याचार का बहाना

बह्र-अ'यादत[1] आए वो लेकिन क़ज़ा[2] के साथ
दम ही निकल गया मिरा आवाज़-ए-पा[3] के साथ

1 मरीज़ का हाल पूछना 2 मौत 3 पदचाप

बे-पर्दा ग़ैर[1] पास उसे बैठा न देखते
उठ जाते काश हम भी जहाँ[2] से हया[3] के साथ

1 रक़ीब, मा'शूक़ का अन्य आ'शिक़ 2 संसार 3 शर्म

वो लालः-रू[1] गया न हो गुलगश्त-ए-बाग़[2] को
कुछ रंग बू-ए-गुल[3] के ए'वज़[4] है सबा के साथ

1 फूल से चेहरे वाला 2 बाग़ की सैर 3 फूल की सुगन्ध 4 की जगह

उसकी गली कहाँ ये तो कुछ बाग़-ए-ख़ुल्द[1] है
किस जाए[2] मुझको छोड़ गई मौत ला के साथ

1 स्वर्ग का बाग़ 2 जगह

अल्लह रे गुमरही बुत[1]-ओ-बुत-ख़ानः[2] छोड़ कर
'मोमिन' चला है का'बे को इक पारसा[3] के साथ

1 मूर्ति 2 मंदिर 3 पवित्र / धार्मिक व्यक्ति

❁

हम में फ़लक[1] निगह[2] की भी ताक़त न छोड़ देख
दस्त-ए-मिज़ह[3] से पन्जः[4]-ए-ख़ुर मत मरोड़ देख

1 आस्मान 2 देखना 3 पलक रूपी हाथ 4 सूरज का पन्जा

ऐ जामः-ज़ेब[1] मैं हूँ वो मज्नूँ कि क़ैस[2] का
फट जाए सीनः मेरे गरेबाँ के जोड़ देख

1 जिस पर हर लिबास अच्छा लगे 2 मज्नूँ का नाम

दौर-ए-ख़ुमार[1] का भी है कुछ ध्यान या नहीं
ऐ मस्त-ए-हुस्न[2] शीशः-ए-दिल को न तोड़ देख

1 नशा उतरने का समय 2 अपनी सुंदरता के नशे में मस्त मा'शूक़

आईनः-ख़ाना[1] बन गया दिल तोड़ना न था
या'नी अब ऐसे जल्वः-नुमा[2] हैं करोड़ देख

1 जहाँ हर तरफ़ आईने ही आईने हों 2 प्रकट होना

तूफ़ॉ है आब-ए-हर-गुहर-ए-अश्क[1] में निहाँ[2]
ऐ याद-ए-दोस्त दामन-ए-मिज़्गाँ[3] निचोड़ देख

1 आँसू के हर मोती की चमक 2 छुपा हुआ 3 पलकों का दामन

मेरा क़लक़[1] भी क़िब्लः-नुमा[2] से नहीं है कम
बावर[3] नहीं तुझे तो ज़रा मुंह को मोड़ देख

1 दुख 2 नमाज़ की दिशा बताने वाला यंत्र 2 विश्वास

जलना तिरा बुतों[1] में भी तासीर[2] कर गया
'मोमिन' यक़ीं[3] नहीं है तो पत्थर को फोड़ देख

1 मूर्तियों /मा'शूक़ों 2 प्रभाव 3 विश्वास

❋

क़त्ल हो कर हम बचे आज़ार[1] से
उ'म्र के दिन कट गए तल्वार से

1 दुख, रोग

जा-बजा[1] नहरें हैं जारी मैंने अश्क[2]
पोंछे होंगे दामन-ए-कुहसार[3] से

1 जगह-जगह 2 आँसू 3 पहाड़ का दामन

गर न खेलें जान पर जी हार दें
इ'श्क़-बाज़ी सीखिए अग़्यार[1] से

1 ग़ैर का बहुवचन, रक़ीब

कर इ'लाज-ए-जोश-ए-वहशत[1] चारः-गर[2]
ला दे इक जंगल मुझे बाज़ार से

1 बहुत ज़ियादा दीवानगी का इ'लाज 2 चिकित्सक

इ'श्क़ में नासेह[1] भी है क्या मुद्दई[2]
जुर्म[3] साबित हो गया इन्कार से

1 उपदेशक 2 रक़ीब, दा'वेदार 3 अपराध

गर दुआ' करता हूँ 'मोमिन' वस्ल[1] की
हाथ बाँधे है वो बुत[2] ज़ुन्नार[3] से

1 मिलन 2 मूर्ति / मा'शूक़ 3 जनेऊ

❁

हुई तासीर[1] आह-ओ-ज़ारी[2] की
रह गई बात बे-क़रारी[3] की

1 असर, प्रभाव 2 रोना-धोना 3 बेचैनी

मुब्तला-ए-शब-ए-फ़िराक़[1] हुए
ज़िद से हम तीरः-रोज़गारी[2] की

1 विरह की रात का शिकार 2 दुर्भाग्य

याद आई जो गर्म-जोशि-ए-यार[1]
दीदः-ए-तर[2] ने शो'लः-बारी[3] की

1 मा'शूक़ का उत्साह 2 भीगी आँख 3 आग बरसाना

यास[1] देखो कि ग़ैर[2] से कह दी
बात अपनी उमीद-वारी की

1 निराशा 2 रक़ीब

तेरे अब्रू[1] की याद में हमने
नाख़ुन-ए-ग़म[2] से दिल-फ़िगारी[3] की

1 भौं 2 दुख के नाख़ून 3 दिल ज़ख़्मी करना

क़त्ल-ए-दुश्मन[1] का है इरादा उसे
ये सज़ा अपनी जाँ-निसारी[2] की

1 रक़ीब की हत्या 2 जान न्योछावर करना

क्या मुसलमाँ हुए कि ऐ 'मोमिन'
हासिल उस बुत[1] से शर्मसारी[2] की

1 मूर्ति / मा'शूक़ 2 शर्मिन्दगी

❁

नावक-अन्दाज़[1] जिधर दीदः-ए-जानाँ होंगे
नीम-बिस्मिल[3] कई होंगे कई बे-जाँ[4] होंगे

1 तीर चलाना 2 मा'शूक़ की आँखें 3 आधे ज़ख़्मी 4 मुर्दा

ताब-ए-नज़्ज़ार:[1] नहीं आइना क्या देखने दूँ
और बन जाएँगे तस्वीर जो हैराँ होंगे

1 देखने की ताक़त

तू कहाँ जाएगी कुछ अपना ठिकाना कर ले
हम तो कल ख़्वाब-ए-अदम[1] में शब-ए-हिज्राँ[2] होंगे

1 मौत की नींद 2 जुदाई की रात

एक हम हैं कि हुए ऐसे पशेमान[1] कि बस
एक वो हैं कि जिन्हें चाह के अरमाँ होंगे

1 शर्मिन्दा

हम निकालेंगे सुन ऐ मौज-ए-हवा[1] बल तेरा
उसकी ज़ुल्फ़ों के अगर बाल परेशाँ[2] होंगे

1 हवा की लहर 2 बिखरे

फिर बहार आई वही दश्त-नवर्दी[1] होगी
फिर वही पाँव वही ख़ार-ए-मुग़ीलाँ[2] होंगे

1 वीराने में घूमना 2 बबूल के काँटे

उ'म्र सारी तो कटी इ'श्क़-ए-बुताँ[1] में 'मोमिन'
आख़िरी वक़्त में क्या ख़ाक मुसलमाँ होंगे

1 मूर्तियों / मा'शूक़ों का इ'श्क़

❁

सीनः-कोबी[1] से ज़मीं सारी हिला के उट्ठे
क्या अ'लम[2] धूम से तेरे शोहदा[3] के उट्ठे

1 छाती पीटना 2 झंडा / झंडे 3 शहीदों

आज उस बज़्म[1] में तूफ़ान उठा के उट्ठे
याँ तलक रोए कि उसको भी रुला के उट्ठे

1 महफ़िल

गो-कि[1] हम सफ़्हः-ए-हस्ती[2] प थे इक हर्फ़-ए-ग़लत[3]
लेके उट्ठे भी तो इक नक़्श[4] बिठा के उट्ठे

1 यद्यपि 2 ज़िन्दगी का कागज़ 3 ग़लत लफ़्ज़ जिसे मिटा दिया जाता है
4 निशान

उफ़ रे गर्मी-ए-मोहब्बत कि तिरे सोख़्तः-जाँ[1]
जिस जगह बैठ गए आग लगा के उट्ठे

1 अन्दर तक जले हुए आ'शिक़

सोज़िश-ए-दिल[1] से हुआ क्या ही मैं पानी-पानी
वो जो पहलू से पसीने में नहा के उट्ठे

1 दिल की जलन

जी ही मानिन्द-ए-निशान-ए-कफ़-ए-पा[1] बैठ गया
पाँव क्या कूचे[2] से उस होश-रुबा[3] के उट्ठे

1 पाँव के निशान की तरह 2 गली 3 होश उड़ाने वाला मा'शूक़

शे'र 'मोमिन' के पढ़े बैठ के उसके आगे
ख़ूब अहवाल-ए-दिल-ए-ज़ार[1] सुना के उट्ठे

1 दुखी दिल का हाल

❁

मुंह को न सिया नासेह[1] की बख़ियः-गरी[2] इतनी
लूँ मैं भी अभी लत्ते हैं पर्दः-दरी[3] इतनी

1 उपदेशक 2 सिलना 3 पर्दा खोलना

तुम उठ गए महफ़िल से ज़िक्र[1] आते ही मज्नूँ[2] का
साये से मिरे वहशत ऐ रश्क-ए-परी[3] इतनी

1 चर्चा 2 जिससे परियों को ईर्ष्या हो

दिल ले के वफ़ा कैसी पर क़ौल[1] तो देना था
ऐ सीम-तन[2] आफ़त है तो मुफ़्त-बरी[3] इतनी

1 बात, प्रण 2 चाँदी जैसे बदन वाला मा'शूक़ 3 मुफ़्त उड़ा ले जाना

लो छेड़े है निक्हत[1] को गुल-हा-ए-शबीना[2] की
अब तुमसे भी चल निकली बाद-ए-सहरी[3] इतनी

1 ख़ुश्बू 2 रात के फूल 3 सुब्ह की हवा

ये कौन कहे उससे की तर्क-ए-वफ़ा[1] मैंने
कर तू ही ज़रा नासेह[2] पैग़ाम्बरी[3] इतनी

1 मोहब्बत छोड़ना 2 उपदेशक 3 संदेश पहुँचाना

क्या हो गई ख़ुद-बीनी[1] अब ग़ैर से चश्मक[2] है
या ख़ुश-निगही[3] वो कुछ या बद-नज़री[4] इतनी

1 ख़ुद को देखना 3 आँखों का इशारा, दुश्मनी 4 अच्छी नज़र से देखना 5 बुरी नज़र से देखना

सज्दा[1] न कहीं करना 'मोमिन' क़दम-ए-बुत[2] पर
का'बे ही में होती है बेहूदः-सरी[3] इतनी

1 सर झुकाना 2 मूर्ति / मा'शूक़ के पाँव 3 सर झुकाने जैसा बेकार काम

❀

पामाल[1] इक नज़र में क़रार-ओ-सबात[2] है
उसका न देखना निगह-ए-इल्तिफ़ात[3] है

1 रौंदा हुआ 2 चैन और ठहराव 3 मुहब्बत की नज़र

छुट कर कहाँ असीर-ए-मोहब्बत[1] की ज़िन्दगी
नासेह[2] ये बन्द-ए-ग़म[3] नहीं क़ैद-ए-हयात[4] है

1 मोहब्बत का क़ैदी 2 उपदेशक 3 दुख का बंधन 4 ज़िन्दगी की क़ैद

क्या इब्तिदा-ए-हुस्न[1] में मैं तुझ प मर गया
ख़िल्क़त[2] का तेरी दिन मिरा रोज़-ए-वफ़ात[3] है

1 सुंदरता का आरंभ 2 जन्म 3 मौत का दिन

झूटी शराब अपनी मुझे मरते दम तू दे
ये आब-ए-तल्ख़[1] शर्बत-ए-क़न्द-ओ-नबात[2] है

1 कड़वा पानी 2 मीठा शर्बत

क्यों कर ख़ुदा को दूँ कि बुतों[1] को है एहतियाज[2]
'मोमिन' ये नक़्द-ए-दिल[3] ज़र-ए-जाँ[4] की ज़कात[5] है

1 मूर्तियों / मा'शूक़ों 2 ज़रूरत 3 दिल रूपी नगद पैसा 4 जान रूपी धन
5 दान

❁

मुझ प तूफ़ाँ उठाए लोगों ने
मुफ़्त बैठे-बिठाए लोगों ने

कर दिए अपने आने-जाने के
तज़्किरे[1] जाए-जाए[2] लोगों ने

1 चर्चे 2 जगह-जगह

बात अपनी वहाँ न जमने दी
अपने नक़्शे जमाए लोगों ने

सुन के उड़ती सी अपनी चाहत की
दोनों के होश उड़ाए लोगों ने

और ही कुछ पढ़ा दिया उसको
दुश्मनों के पढ़ाए लोगों ने

क्या तमाशा है जो न देखे थे
वो तमाशे दिखाए लोगों ने

कर दिया 'मोमिन' उस सनम[1] को ख़फ़ा[2]
क्या किया हाए-हाए लोगों ने

1 मूर्ति / मा'शूक़ 2 नाराज़

❁

सब्र[1] वहशत-असर[2] न हो जाए
कहीं सहरा[3] भी घर न हो जाए

1 धैर्य 2 दीवानगी पैदा करने वाला 3 रेगिस्तान, वीराना

हिज्र-ए-पर्दः-नशीं[1] में मरते हैं
ज़िन्दगी पर्दः-दर[2] न हो जाए

1 पर्दे में रहने वाला मा'शूक़ 2 पर्दा उठाना, रहस्य खोलना

कस्रत-ए-सज्दः[1] से वो नक़्श-ए-क़दम[2]
कहीं पामाल-ए-सर[3] न हो जाए

1 सज्दों की अधिकता 2 पद-चिन्ह 3 सर से कुचल जाना

मेरे तग़ईर-ए-रंग[1] को मत देख
तुझको अपनी नज़र न हो जाए

1 बदलता हुआ रंग

माने-ए'-ज़ुल्म[1] है तग़ाफ़ुल-ए-यार[2]
बख़्त-ए-बद[2] को ख़बर न हो जाए

1 अत्याचार से रोकने वाला 2 मा'शूक़ की उपेक्षा 3 दुर्भाग्य

ग़ैर[1] से बे-हिजाब[2] मिलते हो
शब-ए-आ'शिक़[3] सहर[4] न हो जाए

1 रक़ीब 2 बेपर्दा 3 आ'शिक़ की रात 4 सुब्ह

'मोमिन' ईमाँ[1] क़ुबूल[2] दिल से मुझे
वो बुत[3] आज़ुर्दः[4] गर[5] न हो जाए

1 ईमान 2 स्वीकार 3 मूर्ति / मा'शूक़ 4 दुखी 5 अगर

जब वो हैरत-ज़द:[1] चेहरे प नज़र करता है
आईन: सद-गिल:-ए-आईन:-गर[2] करता है

1 आश्चर्यचकित 2 आईना बनाने वाले की बहुत ज़ियादा शिकायत

गर तसव्वुर[1] से हों हम-बज़्म[2] तो बे-ताब[3] रहे
किस क़दर वो मिरे मिलने से हज़र[4] करता है

1 ध्यान, कल्पना 2 महफ़िल में साथ होना 3 बेचैन 4 डरना

इक नमक-दाँ[1] से तो लज़्ज़त[2] न उठी ऐ क़ातिल
ज़ख़्म-ए-दिल अर्ज़-ए-नमकदान-ए-दिगर[3] करता है

1 नमक का बर्तन 2 मज़ा, आनंद 2 एक और नमक-दान की माँग

बख़्त-ए-बद[1] ने ये डराया है कि काँप उठता हूँ
तू कभी लुत्फ़[2] की बातें भी अगर करता है

1 दुर्भाग्य 2 प्यार

सुन रखो सीख रखो इसको ग़ज़ल कहते हैं
'मोमिन' ऐ अहल-ए-फ़न[1] इज़्हार-ए-हुनर[2] करता है

1 कलाकारो 2 कला-कौशल की अभिव्यक्ति

❁

अजल[1] से ख़ुश हूँ किसी तरह हो विसाल[2] तो है
न आए ना'श[3] प वो पर ये एहतिमाल[4] तो है

1 मौत 2 मिलन 3 लाश 4 शंका, संभावना

हिना[1] के रश्क[2] से क्यों-कर[3] न आए जोश में ख़ूँ
किसी सबब[4] से हो पर वो भी पाएमाल[5] तो है

1 मेंहदी 2 ईर्ष्या 3 कैसे 4 कारण 5 पाँव तले रौंदा होना

जफ़ा-ए-यार[1] को सौंपा मुआ'मला[2] अपना
अब आगे हो न हो उम्मीद-ए-इन्फ़िसाल[3] तो है

1 मा'शूक़ का अत्याचार 2 मामला 3 फ़ैस्ले की आशा

शब-ए-फ़िराक़[1] में भी ज़िन्दगी प मरता हूँ
कि गो[2] ख़ुशी नहीं मिलने की पर मलाल[3] तो है

1 जुदाई की रात 2 यद्यपि 3 दुख

अ'बस[1] तरक़्क़ी-ए-फ़न[2] की हवस[3] है 'मोमिन' को
ज़ियादा होवेगा क्या इससे बे-मिसाल[4] तो है

1 व्यर्थ 2 कला / शाइ'री का बढ़ना 3 लालसा 4 लजवाब

❁

इक नज़र देखे से सर तन से जुदा होता है
बे-जगह[1] आँख लड़ी देखिए क्या होता है

1 ग़लत जगह

चश्म-ए-ख़ूँ-बार[1] मिरी आपने तलवों से मली
वर्ना ऐसा भी कहीं रंग-ए-हिना[2] होता है

1 ख़ून रोती आँख 2 मेंहदी का रंग

दिल दिया जिसने वो नाकाम रहा ता-दम-ए-ज़ीस्त[1]
फ़िल-हक़ीक़त[2] कि बुरा काम बुरा होता है

1 जीवन के अंत तक 2 वास्तव में

वा[1] रहे हश्र[2] तलक बह्र-ए-दुआ'[3] गो[4] लब-ए-ज़ख़्म[5]
पर तिरा हक़्क़-ए-नमक[6] कोई अदा होता है

1 खुला 2 प्रलय 3 दुआ' के लिए 4 यद्यपि 4 ज़ख़्म के होंठ 6 किसी का नमक खाने की कृतज्ञता

चाक-ए-पैराहन-ए-गुल[1] पर तू न फूल[2] ऐ बुल्बुल
जामः[3] यारान-ए-लिबासी[4] का क़बा[5] होता है

1 फूल के लिबास का फटा होना 2 फूलना : अभिमान करना 3 लिबास 4 चाटुकार दोस्त 5 क़बा होना : फटा होना

हो न बेताब ग़म-ए-हिज्र-ए-बुताँ[1] में 'मोमिन'
देख दो दिन में बस अब फ़ज़्ल-ए-ख़ुदा[2] होता है

1 मूर्तियों / मा'शूक़ों की जुदाई का दुख 2 ख़ुदा की कृपा

❁

है दिल में ग़ुबार[1] उसके घर अपना न करेंगे
हम ख़ाक[2] में मिलने की तमन्ना[3] न करेंगे

1 दिल में मैल 2 मिट्टी 3 चाहत

क्योंकर[1] ये कहें मिन्नत-ए-आ'दा[2] न करेंगे
क्या क्या न किया इ'श्क़ में क्या क्या न करेंगे

1 कैसे 2 रक़ीबों से याचना

हँस हँस के वो मुझसे ही मिरे क़त्ल की बातें
इस तरह से करते हैं कि गोया[1] न करेंगे

1 जैसे

झुंझलाते हो क्या दीजिए इक बोस:[1] दहन[2] का
हो जाएँगे लब[3] बन्द तो ग़ौग़ा[4] न करेंगे

1 चुंबन 2 मुंह 3 होंठ 4 शोर

दीवार के गिर पड़ते ही उठने लगे तूफ़ाँ
अब बैठ के कोने में भी रोया न करेंगे

'मोमिन' वो ग़ज़ल कहते हैं अब जिससे ये मज़्मूँ[1]
खुल जाए कि तर्क-ए-दर-ए-बुत-ख़ाना[2] करेंगे

1 विषय 2 मन्दिर को छोड़ना

तौबा[1] है कि हम इ'श्क़ बुतों[2] का न करेंगे
वो करते हैं अब जो न किया था न करेंगे

1 कोई काम न करने का प्रण 2 मूर्तियों / मा'शूक़ों

ठहरी है कि ठहराएँगे ज़न्जीर से दिल को
पर बर्हमी-ए-ज़ुल्फ़[1] का सौदा[2] न करेंगे

1 ज़ुल्फ़ों का बिखराव 2 दीवानगी

गर आरज़ु-ए-वस्ल[1] ने बीमार किया तो
पर्हेज़[2] करेंगे प मुदावा[3] न करेंगे

1 मिलने की चाहत 2 बचाव 3 इ'लाज

है अ'हद[1] कि फिर जा न फिरें कू-ए-बुताँ[2] में
फिर जाएँ अब इस अ'हद से ऐसा न करेंगे

1 प्रण 2 मा'शूक़ों की गली

ऐ हज़रत[1]-ए-'मोमिन' ये मुसल्लम[2] जो है इर्शाद[3]
भूले से भी अब ज़िक्र[4] बुतों का न करेंगे

1 श्रीमान 2 पूरा, पक्का 3 कहना 4 चर्चा

लेकिन जो बुतों ने ही भला आपसे की बात
फिर आप ही फ़रमाएँ[1] कि क्या-क्या न करेंगे

1 किसी आदरणीय व्यक्ति का कुछ कहना

❀

न कटी हमसे शब[1] जुदाई की
कितनी ही ताक़त-आज़्माई[1] की

1 रात 2 ज़ोर लगाना, शक्ति परीक्षण

क्यों बुरा कहते हो भला नासेह[1]
मैंने हज़रत[2] से क्या बुराई की

1 उपदेशक 2 श्रीमान

घर तो उस माह-वश[1] का दूर न था
लेक[2] ताले'[3] ने ना-रसाई[4] की

1 चाँद जैसे चेहरे वाला मा'शूक़ 2 लेकिन 3 भाग्य 4 न पहुँच पाना

मर गए पर है बे-ख़बर सय्याद[1]
अब तवक़्क़ो'[2] नहीं रिहाई[3] की

1 शिकारी 2 उम्मीद 3 मुक्ति

कूचः-ए-ग़ैर[1] में मिला वो हमें
हर्ज़ः-ताज़ी[2] ने रहनुमाई[3] की

1 रक़ीब की गली 2 आवारा-गर्दी 3 रास्ता दिखाना

दिल हुआ ख़ूँ ख़याल-ए-नाख़ुन-ए-यार[1]
तूने अच्छी गिरह-कुशाई[2] की

1 मा'शूक़ के नाख़ुन का ध्यान 2 गाँठ खोलना

'मोमिन' आओ तुम्हें भी दिखला दूँ
सैर[1] बुत-ख़ाने[2] में ख़ुदाई की

1 घूमना, दर्शन 2 मंदिर

वो कहाँ साथ सुलाते हैं मुझे
ख़्वाब क्या क्या नज़र आते हैं मुझे

उस परी-वश[1] से लगाते हैं मुझे
लोग दीवाना बनाते हैं मुझे
1 परी जैसा मा'शूक़

या-रब[1] उनका भी जनाज़ा[2] उट्ठे
यार उस कू[3] से उठाते हैं मुझे
1 ऐ ख़ुदा 2 शव 3 गली

वो जो कहते हैं तुझे आग लगे
मुज़्दः-ए-वस्ल[1] सुनाते हैं मुझे
1 मिलन का शुभ समाचार

अब ये सूरत है कि ऐ पर्दः-नशीं[1]
तुझसे अहबाब[2] छुपाते हैं मुझे
1 पर्दे में रहने वाला मा'शूक़ 2 दोस्त (बहुवचन)

'मोमिन' और दैर[1] ख़ुदा ख़ैर[2] करे
तौर[3] बेढब नज़र आते हैं मुझे
1 मूर्ति घर 2 कुशल-मंगल 3 अन्दाज़

जज़्ब-ए-दिल[1] ज़ोर-आज़्माना[2] छोड़ दे
पा-ए-नाज़ुक[2] का सताना छोड़ दे

1 प्रेम-भावना 2 ज़ोर लगाना 3 कोमल पाँव

पर्दे की कुछ हद भी ऐ पर्दः-नशीं[1]
खुल के मिल बस मुंह छुपाना छोड़ दे

1 पर्दे में रहने वाला मा'शूक़

हूँ वो मज्नूँ गर मैं ज़िन्दाँ[1] में रहूँ
फ़स्ल-ए-गुल[2] गुलशन[3] में आना छोड़ दे

1 क़ैदख़ाना 2 बहार का मौसम 3 बाग़

हम नहीं उठने के तेरी बज़्म[1] से
पास ग़ैरों[2] का बिठाना छोड़ दे

1 सभा, महफ़िल 2 रक़ीबों

उस दहन[1] को ग़ुन्चः[2] ऐ दिल क्या कहूँ
डर लगे है मुस्कुराना छोड़ दे

1 मुंह 2 कली

वस्ल[1] में भी दिल से ग़म जावे कहाँ
क्या कोई अपना ठिकाना छोड़ दे

1 मिलन

गर है 'मोमिन' रोज़ः-ए-वस्ल-ए-बुताँ[1]
तो ग़म-ए-फ़ुर्क़त[2] भी खाना छोड़ दे

1 माशूक़ के मिलने का रोज़ा (रोक) 2 जुदाई का ग़म

❋

दिल में उस शोख़[1] के जो राह[2] न की
हमने भी जान दी पर आह न की

1 चंचल मा'शूक़

तिश्ना-लब[1] ऐसे हम गिरे मय[2] पर
कि कभी सैर-ए-ई'द-गाह[3] न की

1 प्यासा 2 शराब 3 ई'द-गाह जाना

कौन ऐसा कि उससे पूछे क्यों
पुर्सिश-ए-हाल-ए-दाद-ख़्वाह[1] न की

1 न्याय माँगने वाले का हाल पूछना

मैं भी कुछ ख़ुश नहीं वफ़ा कर के
तुमने अच्छा किया निबाह न की

मोहतसिब[1] ये सितम ग़रीबों[2] पर
कभी तम्बीह-ए-बादशाह[3] न की

1 धर्म-अधिकारी 2 अत्याचार 3 राजा को टोकना

गिर्यः-ओ-आह[1] बे-असर दोनों
किसने कश्ती[2] मिरी तबाह न की

1 रोना और आहें भरना 2 नाव

'मोमिन' इस ज़ह्न-ए-बे-ख़ता[1] पर हैफ़[2]
फ़िक्र-ए-आमुर्ज़िश-ए-गुनाह[3] न की

1 बुरी बात न सोचने वाला मन 2 अफ़्सोस 3 पापों की क्षमा की चिंता

❀

न पा-ए-यार[1] के बोसे[2] न आस्ताँ[3] के लिए
अ'बस[4] में ख़ाक हुआ मैल-ए-आस्माँ[6] के लिए

1 मा'शूक का पाँव 2 चुंबन 3 चौखट, दहलीज़ 4 व्यर्थ 5 मिट्टी 6 आस्मान की इच्छा

है ए'तेमाद[1] मिरे बख़्त-ए-ख़ुफ़्त:[2] पर क्या-क्या
वगर्ना[3] ख़्वाब कहाँ चश्म-ए-पास्बाँ के लिए

1 भरोसा 2 सोया हुआ भाग्य 3 नहीं तो 4 पहरेदार की आँख

लिया है दिल के ए'वज़[1] जान दे रक़ीब[2] तो दूँ
मैं और आप की सौदागरी[3] ज़ियाँ[4] के लिए

1 बदले 2 मा'शूक़ का अन्य आ'शिक़, प्रतिद्वन्द्वी 3 व्यापार 4 नुक़्सान

वो ला'ल-ए-रूह-फ़िज़ा[1] दे कहाँ तलक बोसे
कि जो है कम है यहाँ शौक़-ए-जाँ-फ़िशाँ[2] के लिए

1 ज़िन्दगी बढ़ाने वाले लाल होंठ 2 जान लुटाने की चाह

जुनून-ए-इ'श्क़ अज़ली[1] क्यों न ख़ाक उड़ाएँ कि हम
जहाँ में आए हैं वीरानी-ए-जहाँ[2] के लिए

1 आदि काल से 2 संसार की वीरानी

रवाँ-फ़िज़ाइ-ए-सेहर-ए-हलाल-ए-'मोमिन'[1] से
रहा न मो'जिज़ा[2] बाक़ी लब-ए-बुताँ[3] के लिए

1 मोमिन के सच्चे जादू (शाइ'री) की जीवन-दायिनी शक्ति 2 चमत्कार 3 मूर्तियों / मा'शूक़ों के होंठ

❁

अगर ग़फ़्लत[1] से बाज[2] आया जफ़ा[3] की
तलाफ़ी[4] की भी ज़ालिम ने तो क्या की

1 भूलना 2 रुकना 3 अत्याचार 4 भरपाई

चमन में कोई उस कू[1] से न आया
गई बर्बाद सब मेहनत सबा[2] की

1 गली 2 अच्छी हवा

कुशाद-ए-दिल[1] प बाँधी है कमर आज
नहीं है ख़ैरियत[2] बन्द-ए-क़बा[3] की

1 दिल का खुलना 2 कुशल-मंगल 3 लिबास के बंधन / डोरियाँ

किया जब इल्तिफ़ात[1] उसने ज़रा सा
पड़ी हमको हुसूल-ए-मुद्दआ[2] की

1 प्रेम, स्नेह 2 इच्छा-पूर्ति

मुझे ऐ दिल तिरी जल्दी ने मारा
नहीं तक़्सीर[1] उस देर-आश्ना[2] की

1 ग़लती 2 देर में दोस्ती करने वाला

जफ़ा से थक गए तो भी न पूछा
कि तूने किस तवक़्क़ो[1] पर वफ़ा की

1 उम्मीद, अपेक्षा

कहा उस बुत[1] से मरता हूँ तो 'मोमिन'
कहा मैं क्या करूँ मर्ज़ी ख़ुदा की

1 मूर्ति / मा'शूक़

❄

न रब्त[1] उससे न यारी आस्माँ से
जफ़ा[2] बह्र-ए-अ'दू[3] लाऊँ कहाँ से

1 संबंध, संपर्क 2 अत्याचार 3 दुश्मन के लिए

ये हालत है तो क्या हासिल[1] बयाँ[2] से
कहूँ कुछ और कुछ निकले ज़बाँ से

1 प्राप्त 2 बयान

वो आए हैं पशेमाँ[1] लाश पर आप
तुझे ऐ ज़िन्दगी लाऊँ कहाँ से

1 पछताते हुए

न बोलूँगा न बोलूँगा कि मैं हूँ
ज़ियादा बद-गुमाँ[1] उस बद-गुमाँ से

1 दुर्भावना-ग्रस्त, शक करने वाला

न बिजली जल्वः-फ़र्मा[1] है न सय्याद[2]
निकल कर क्या करें हम आशयाँ[3] से

1 प्रकट / विदित होना 2 शिकारी 3 घोंसला, घर

उठे दीवार क्या जब ख़ानः-ए-ग़ैर[1]
बने मेरे ग़ुबार-ए-नातवाँ[2] से

1 रक़ीब का घर 2 कमज़ोर मिट्टी

ख़ुदा की बेनियाज़ी[1] हाए 'मोमिन'
हम ईमाँ लाए थे नाज़-ए-बुताँ[2] से

1 निर्लिप्तता 2 मूर्तियों / मा'शूक़ों का अभिकान

❁

है निगाह-ए-लुत्फ़[1] दुश्मन[2] पर तो बन्दा जाए है
ये सितम[3] ऐ बे-मुरव्वत[4] किससे देखा जाए है

1 प्यार की नज़र 2 रक़ीब 3 अत्याचार 4 निर्दयी

जाँ न खा वस्ल-ए-अ'दू[1] सच ही सही पर क्या करूँ
जब गिला[2] करता हूँ हमदम[3] वो क़सम खा जाए है

1 रक़ीब से मिलना 2 शिकायत 3 दोस्त

हुस्न-ए-रोज़-अफ़्ज़ूँ[1] प ग़र्रा[2] किसलिए ऐ माह-रु[3]
यूँ ही घटता जाएगा जितना ये बढ़ता जाए है

1रोज़ बढ़ने वाली सुंदरता 2 अकड़ 3 चाँद जैसे चेहरे वाला मा'शूक़

रो रहा हूँ ख़न्दः-ए-दन्दाँ-नुमा[1] की याद में
आब-ए-गौहर[2] के लिए आँखों से दरिया जाए है

1 ऐसी हँसी जिसमें दाँत दिखाई दें 2 मोती का पानी / चमक

अब तो मर जाना भी मुश्किल है तिरे बीमार को
ज़ो'फ़[1] के बाइ'स[2] कहाँ दुनिया से उट्ठा जाए है

1 कमज़ोरी 2 कारण

देखिए अन्जाम क्या हो 'मोमिन'-ए-सूरत-परस्त[2]
शेख़-ए-सन्आँ[3] की तरह सू-ए-कलीसा[4] जाए है

1 अंत 2 सिर्फ़ बाहरी सुंदरता का पुजारी 3 एक मुस्लिम बुजुर्ग जो ई'साई हो गए थे
4 गिरजाघर की ओर

❀

न देना बोसः-ए-पा[1] गो[2] फ़लक[3] झुकता ज़मीं पर है
कि ये उतना ज़मीं के नीचे है जितना ज़मीं पर है

1 पाँव का चुंबन 2 यद्यपि 3 आस्मान

तड़पता है पड़ा शौक़-ए-शहादत[1] ख़ाक[2] और ख़ूँ में
गिरा कूचे[3] में तेरे ये लहू किसका ज़मीं पर है

1 शहीद होने की चाहत 2 मिट्टी 3 गली

ख़िराम-ए-नाज़[1] ने किसके जहाँ[2] को कर दिया बर्हम[3]
ज़मीं गिरती फ़लक पर है फ़लक गिरता ज़मीं पर है

1 अभिमान से चलना 2 दुनिया 3 उथल-पुथल

तिरी दूरी में भी क्या जाए जाँ उस पास जाना है
कि जिसने आस्माँ पर से उसे पटका ज़मीं पर है

हुआ मुहर-ए-बरात-ए-अ'फ़्व[1] नक़्श-ए-सज्दः[2] 'मोमिन' को
क़दम रखता फ़लक[3] पर है कि सर रखता ज़मीं पर है

1 क्षमा-पत्र की मोहर 2 सर झुकाने का निशान 3 आस्मान

कहाँ तक दम-बख़ुद[1] रहिए न हूँ कीजिए न हाँ कीजे
कहाँ तक खाइए ग़म कब तलक ज़ब्त-ए-फ़ुग़ाँ[2] कीजे

1 दम साधे हुए 2 फ़रियाद पर क़ाबू पाना

सिवाए नुक़्तः-ए-मौहूम[1] क्या वस्फ़-ए-दहाँ[2] कीजे
बना कर बात क्या कहिए जो कुछ हो तो बयाँ[3] कीजे

1 काल्पनिक / भ्रमात्मक बिंदु 2 मुंह की प्रशंसा 3 बयान

कहें तो क्या कहें और बिन कहे क्यों कर दवा होवे
बड़ी मुश्किल पड़ी क्या चारः-ए-दर्द-ए-निहाँ[1] कीजे

1 अन्दर के दर्द का इ'लाज

वही हिज्राँ[1] है ग़म खाने प कब तक ज़िन्दगानी हो
बस अब मर जाइए कुछ खा के ऐ'श-ए-जाविदाँ[2] कीजे

1 जुदाई 2 हमेशा रहने वाला आनंद

रखे से हाथ सीने पर भला कब मानता है दिल
न जब तक रोइए दो-चार आह-ए-ख़ूँ-चकाँ[1] कीजे

1 ख़ून बहती आहें

कुछ आख़िर हद भी है जौर[1]-ओ-जफ़ा[2]-ओ-ज़ुल्म[3] की कब तक
तहम्मुल[4] दर-गुज़र[5] हर लहज़ा[6] हर दम[7] हर ज़माँ[8] कीजे

1,2,3 अत्याचार 4 धैर्य 4 क्षमा 6 पल 7 साँस पर 8 समय

अ'ज़ाब-ए-ईज़्दी[1] जाँ-काह[2] है माना बस अब 'मोमिन'
ख़ुदा के वास्ते ज़िक्र-ए-सितम-हा-ए-बुताँ[3] कीजे

1 ख़ुदा की ओर से दी जाने वाली यातना 2 अत्यंत कष्ट देनेवाला 3 मूर्तियों / मा'शूक़ों के अत्याचारों की चर्चा

❋

शब तुम जो बज़्म-ए-ग़ैर[1] में आँखें चुरा गए
खोए गए हम ऐसे कि अग़यार[2] पा गए

1 रक़ीब की महफ़िल 2 ग़ैर का बहुवचन

पूछा किसी प मरते हो और दम निकल गया
हम जान से इ'नाँ-ब-इ'नान-ए-सदा[1] गए

1 आवाज़ के साथ साथ

फैली वो बू[1] जो हम में निहाँ[2] मिस्ल-ए-ग़ुन्च:[3] थी
झोंके नसीम[4] के ये नया गुल[5] खिला गए

1 ख़ुश्बू 2 छुपा हुआ 3 कली की तरह 4 हवा 5 गुल खिलाना : हंगामा करना

जिस वक़्त उस दयार[1] से अग़यार-ए-बुल-हवस[2]
बद-ख़ूइयों[3] से यार की हो कर ख़फ़ा गए

1 इ'लाक़ा, शहर, गली, जगह 2 भोगी विलासी रक़ीब 3 बुरा स्वभाव / व्यवहार

दुनिया ही से गया मैं जूँही नाज़[1] से कहा
अब भी गुमान-ए-बद[2] न गए तेरे या गए

1 अभिमान 2 ग़लत ख़याल

ऐ 'मोमिन' आप कब से हुए बन्द:-ए-बुताँ[1]
बारे हमारे दीन[2] में हज़रत[3] भी आ गए

1 मूर्तियों का बन्दा (उपासक) 2 धर्म 3 महोदय

मश्वरा[1] क्या कीजे चर्ख़-ए-पीर[2] से
दिन नहीं फिरते किसी तदबीर[3] से

1 सलाह 2 बूढा आस्मान 3 प्रयत्न

मेरी वहशत[1] के लिए सहरा-ए-क़ैस[2]
तंग-तर[3] है ख़ान:-ए-जन्जीर[4] से

1 दीवानगी 2 रेगिस्तान जहाँ क़ैस (मज्नूँ) रहता था 3 अधिक तंग 4 क़ैदख़ाना

क्यों न टपके आब[1] जब टपके लहू
बर्क़[2] कटती[3] है तिरी शमशीर[4] से

1 पानी 2 बिजली 3 शर्मिन्दा होना 4 तल्वार

यूँ बना कर हाल-ए-दिल कहना न था
बात बिगड़ी मेरी ही तक़रीर[1] से

1 बोलना

उँगलियों में ख़ाम:[1] जम कर रह गया
नाम:-हा-ए-शौक़[2] की तहरीर[3] से

1 क़लम 2 प्रेम पत्रों 3 लिखावट

ले गई जाँ याद-ए-रौनक़-हा-ए-वस्ल[1]
घर मिरा वीराँ[2] हुआ ता'मीर[3] से

1 मिलन की चहल-पहल की याद 2 वीरान 3 निर्माण

ऐ सनम 'मोमिन'[1] हूँ आख़िर किस तरह
मुझको तस्कीं[2] हो तिरी तस्वीर से

1 मुसलमान 2 सांत्वना

❋

क्योंकि[1] पूछे हाल-ए-तल्ख़ी[2] आ'शिक़-ए-दिल-गीर[3] से
हो गए हैं बन्द लब शीरीनी-ए-तक़्रीर[4] से

1 कैसे 2 कड़वाहट / मुसीबत का हाल 3 दुखी आ'शिक़ 4 बातों की मिठास

जोश-ए-वहशत[1] कशमकश[2] इस नातवाँ[3] दिल-गीर से
जो न दर[4] तक पहुँचे सह्न-ए-ख़ानः-ए-ज़न्जीर[5] से

1 बहुत ज़ियादा दीवानगी 2 लड़ाई, छेड़छाड़ 3 कमज़ोर 4 दरवाज़ा 5 क़ैदख़ाने का प्राँगड़

काम होते हैं जवानों के सिपहर-ए-पीर[1] से
ले गया है पुश्त-ए-ख़म[2] शायद तिरी शम्शीर[3] से

1 बूढ़ा आस्मान 2 झुकी पीठ 3 तल्वार

सुब्ह-दम[1] जाता है पहलू से मिरे वो मह-जबीं[2]
दिन सियह[3] होते हैं क्या-क्या मेहर[4] की तनवीर[5] से

1 सुब्ह के समय 2 चाँद से माथे वाला मा'शूक़ 3 काला 4 सूरज 5 रौशनी

वह्म-ए-मयख़्वारी[1] से दिल को नश्शः-ए-बंग[2] आ गया
होश जाते हैं तिरी बहकी हुई तक़्रीर[3] से

1 शराब पिए होने का भ्रम 2 भाँग का नशा 3 बातें

❁

बँधा ख़याल-ए-जिनाँ[1] बा'द-ए-तर्क-ए-यार[2] मुझे
किया है यास[3] ने क्या-क्या उम्मीदवार[4] मुझे

1 स्वर्ग की कल्पना 2 मा'शूक़ से बिछड़ने के बा'द 3 निराशा 4 आशामय

वो शाम-ए-वा'दा[1] जो आए तो बे-ख़ुद-ओ-सर-मस्त[2]
रहा विसाल[3] में भी वो ही इन्तिज़ार मुझे

1 मिलन के वादे की शाम 2 नशे में चूर 3 मिलन

शब-ए-विसाल[1] में सब क़त्रा-क़त्रा[2] मय[3] पी ली
रहा न वस्वसः-ए-चारः-ए-ख़ुमार[4] मुझे

1 मिलन की रात 2 बूँद-बूँद 3 शराब 4 नशा टूटने के इ'लाज की चिंता

न सैर-ए-गुल[1] न क़दह-नोशी[2] उसके साथ हुई
ग़म-ए-ख़िज़ाँ[3] है न कुछ हस्रत-ए-बहार[4] मुझे

1 फूलों की सैर 2 शराब पीना 3 पतझड़ का दुख 4 बहार की कामना

न काम ज़ोर से निकला न इ'ज्ज़[1] काम आया
बस अब तो चैन दे ऐ शौक़-ए-हर्ज़ः-कार[2] मुझे

1 विनम्रता, असमर्थता 2 व्यर्थ काम करने का शौक़

किए हैं तूल-ए-अमल[1] ने तमाम काम ख़राब
हमेशा नज़्म-ए-जहाँ[2] के हैं कार-ओ-बार मुझे

1 इच्छाओं की अधिकता 2 संसार की व्यवस्था चलाना 3 काम

सवाब-ए-तर्क-ए-सनम[1] सच सही वले[2] 'मोमिन'
ये क्या सबब[3] कि सुनाते हो बार-बार मुझे

1 मूर्ति / मा'शूक़ को छोड़ने का पुण्य 2 मगर 3 कारण

❁

BOOKS

रेख़्ता बुक्स के प्रकाशन

देवनागरी

1. क़श्क़ा खींचा दैर में बैठा	फ़रहत एहसास
2. अब मैं अक्सर मैं नहीं रहता	अनवर शुऊ'र
3. मौसम इतना सर्द नहीं था	ज़ुल्फ़िक़ार आ'दिल
4. खिड़की तो मैंने खोल ही ली	शारिक़ कैफ़ी
5. ग़ज़ल उसने छेड़ी (खंड 1,2,3,4,5,6)	संकलनः फ़रहत एहसास
6. गुलदस्ता-ए-क़व्वाली (खंड 1,2)	संकलनः सुमन मिश्र
7. सुब्ह-बख़ैर जिन्दगी	अमीर इमाम
8. अकेलेपन की इन्तिहा	जमाल एहसानी
9. सभी रंग तुम्हारे निकले	सालिम सलीम
10. तिरी सदा का इन्तिज़ार	ख़लीलुर्रहमान आ'ज़मी
11. इक शाम तुम्हारे हिस्से की	काशिफ़ ग़ाइर
12. रौशनी जारी करो	मनीष शुक्ला
13. लिफ़ाफ़े में रौशनी	मोहम्मद अ'ल्वी
14. होशियारी दिल-ए-नादान बहुत करता है	इ'रफ़ान सिद्दीक़ी
15. मिट्टी की सुंदरता देखो	सर्वत हुसैन
16. रेख़्ता उर्दू लर्निंग गाइड (अंग्रेज़ी, हिन्दी)	प्रो० अब्दुर रशीद
17. आख़िरी इ'श्क़ सबसे पहले किया	नो'मान शौक़
18. शाम के बा'द कुछ नहीं	शाहीन अ'ब्बास
19. गुलशन (उर्दू, देवनागरी)	मुज़्तर ख़ैराबादी
20. मोहब्बत जब नहीं होगी	आफ़्ताब हुसैन
21. किताब गुमराह कर रही है	शहराम सरमदी
22. जिस्म का बर्तन सर्द पड़ा है	अमीर हमज़ा साक़िब
23. ग़ज़ल का शोर	ज़फ़र इक़बाल
24. क़ाफ़िला-ए-नौ-बहार	संकलनः विकास शर्मा 'राज़'

25. मौजूद की निस्बत से	महेन्द्र कुमार सानी
26. दुख नए कपड़े बदल कर	शारिक़ कैफ़ी
27. लफ़्ज महफ़ूज़ कर लिए जाएँ	आ'सिम वास्ती
28. मोहब्बत करके देखो ना...	फ़रहत एहसास
29. उदासी बाल खोले सो रही है	नासिर काज़मी
30. मुझ पर मेरा साया पड़ गया	भारत भूषण पंत
31. रेख़्ता के ज़ौक़	संकलनः फ़रहत एहसास
32. रेख़्ता के दाग़	संकलनः फ़रहत एहसास
33. इ'श्क़	मोई'द रशीदी
34. फिर मुझे नींद आ गई	रईस फ़रोग़
35. हिज्र की दूसरी दवा	फ़हमी बदायूनी
36. 100 शाइ'र 100 ग़ज़लें	संकलनः फ़रहत एहसास
37. उदास लोगों का होना बहुत ज़रूरी है	तर्कश प्रदीप
38. रेख़्ता के नज़ीर	संकलनः फ़रहत एहसास
39. लॉकडाउन के दौरान मौत का ज़िन्दगी-नामा	प्रज्ञा शर्मा
40. गंजे फ़रिश्ते	सआ'दत हसन मंटो
41. मौत की किताब (नॉवेल)	ख़ालिद जावेद
42. सूरजमुखी का फूल	दिलावर अ'ली आज़र
43. ख़ामुशी रास्ता निकालेगी	धीरेन्द्र सिंह फ़य्याज़
44. रेख़्ता के मोमिन	संकलनः फ़रहत एहसास
45. रेख़्ता के आतिश	संकलनः फ़रहत एहसास
46. हमसे क्या हो सका मोहब्बत में	फ़िराक़ गोरखपुरी
47. शीशा-घर में तोड़-फोड़	संकलनः डॉ. मज़हर अहमद
48. रेख़्ता के इन्शा	संकलनः फ़रहत एहसास
49. अगर मैं शे'र न कहता	अ'ब्बास ताबिश
50. नुमाइन्दा कहानियाँ मंटो	सआ'दत हसन मंटो
51. नुमाइन्दा कहानियाँ प्रेमचंद	प्रेमचंद
52. नुमाइन्दा कहानियाँ राजिंदर सिंह बेदी	राजिंदर सिंह बेदी
53. उलट-पुलट का रोज़नामचा	पतरस बुख़ारी
54. नुमाइन्दा कहानियाँ कृष्ण चंदर	कृष्ण चंदर

55. उर्दू की प्रसिद्ध कहानियाँ	संकलनः राहुल झा
56. रंगों की मनमानी	वसीम नादिर
57. एक दिया और एक फूल	इ'शरत आफ़रीन

उर्दू

1. औराक़-ए-ख़िज़ानी	अहमद मुश्ताक़
2. आख़िरी पहर की दस्तक	शमीम हनफ़ी
3. वाहिमा वजूद का	सालिम सलीम
4. गुलशन	मुज़्तर ख़ैराबादी
5. आख़िरी किनारे पर	मोई'द रशीदी

अंग्रेज़ी

1. दीवान-ए-ग़ालिब : सरीर-ए-ख़ामा	नजीब जंग
2. लव लॉन्गिंग लॉस इन उर्दू पोएट्री	संजीव सराफ़

संपर्क

रेख़्ता फ़ाउन्डेशन
बी-37, सेक्टर – 1
नोएडा, यू.पी. – 201301